아이와
자꾸
싸워요

스스로 공부하는 아이를 위한 엄마의 마음코칭
아이와 자꾸 싸워요

부모되는 철학시리즈 2

초판 1쇄 인쇄 | 2015년 6월 15일
초판 1쇄 발행 | 2015년 6월 20일

지은이 | 김은미
발행인 | 김태영
발행처 | 도서출판 씽크스마트
주　소 | 서울특별시 마포구 신수동 448-6 한국출판협동조합 C동 201호
전　화 | 02-323-5609 · 070-8836-8837
팩　스 | 02-337-5608

ISBN 978-89-6529-044-5 13590

- 잘못된 책은 구입한 서점에서 바꿔 드립니다.
- 이 책의 내용, 디자인, 이미지, 사진, 편집구성 등을 전체 또는 일부분이라도 사용할 때에는
  저자와 발행처 양쪽의 서면으로 된 동의서가 필요합니다.
- 〈사이다〉는 도서출판 씽크스마트의 자회사 임프린트로, 사람의 가치를 밝히며 서로가 서로의 삶을 세워주는
  세상을 만드는 데 기여하고자 출범한, 인문학 자기계발 브랜드 '사람과 사람을 이어주는 다리'의 줄임말입니다.
- 원고 | kty0651@hanmail.net

이 도서의 국립중앙도서관 출판예정도서목록(CIP)은 서지정보유통지원시스템 홈페이지(http://seoji.nl.go.kr)와
국가자료공동목록시스템(http://www.nl.go.kr/kolisnet)에서 이용하실 수 있습니다.(CIP제어번호: CIP2015013639)

부모되는
철학시리즈
02

아이와 자꾸 싸워요

스스로 공부하는 아이를 위한
엄마의 마음코칭

김은미 지음

추천의 글

진짜 엄마의 역할

어느덧 교직생활 38년째. 매년 최고의 교사가 되어야겠다는 생각으로 새 아이들을 맞이하기를 38년. 그동안 느낀 것 중 하나는 나쁜 사람은 있어도 나쁜 아이는 없고 무능력한 사람은 있어도 무능력한 아이는 없다는 점입니다. 아이들은 무궁무진한 능력과 꿈이 있지요. 이런 아이들과 참 즐겁고 행복하게 생활해왔지만 여러 가지 문제에 부딪히기도 했습니다.

  아이를 양육하는 부모님도 교사와 별반 다르지 않으리라 봅니다. 내 아이에게 좋은 것만 주고 싶고, 최고의 부모가 되고 싶은 것이 부모 마음이겠지요. 수많은 육아 서적을 읽고 교육 강의를 듣는 등 훌륭한 부모가 되기 위해 노력합니다만, 양육이 마음처럼 쉽지는 않습니다. 오랜 시간을 교사이자 부모로 지내온 저도 그러한데, 하물며 초보 엄마들은 얼마나 힘들까요? 처음 겪는 수많은 사건과 어려운 고비에 그저 난감하고 당황스럽기만 하겠지요. 그래서 부모 노릇에도 배움과 훈련이 필요합니다. 더욱이 양육은 아이의 행복과 미래에 곧바로 연결되기에, 부모부터 제대로 돌아보아야 합니다. 부모가 올바로 서야 아이가 바르게 성장할 수 있어요.

저자는 막막해하는 초보 부모님에게 다정한 길잡이가 되어주리라 생각합니다. 공부나 건강뿐 아니라 아이의 감정까지 안아주는 진짜 엄마의 역할을 따뜻하게, 그리고 과학적으로 쉽게 알려줄 것입니다.

부모 노릇은 분명 어렵습니다. 저나 인생의 많은 시간을 교육 사업에 몸담은 저자에게도 마찬가지이지요. 그러나 이를 어렵게만 생각해서 배우며 실천하지 않는다면 아이와의 관계에, 그리고 아이 인생에 더 큰 문제를 불러올 수 있습니다. 이 책을 통해 여러분이 아이에게 더 가까이 다가설 수 있기를, 그리하여 자녀의 행복과 미래를 지원하는 올바른 부모가 되시기를 기원합니다. 책의 마지막 페이지를 넘기며 오늘 아이의 마음을 따뜻하게 안아주실 수 있다면 기쁘기 그지없을 것입니다. 이제 우리 아이의 올바른 양육을 위해 성큼성큼 걸어가시길 바랍니다.

— 한양초등학교 김천기 선생님

부모님에게 올바른
방향 제시

이 세상 모든 아이는 각자 의미를 가지고 태어납니다. 아이들이 그 의미를 찾을 수 있도록 부모님이 도와주어야 합니다. 부모님이 자신에게 의미를 부여해줄 때 아이들은 비로소 자신의 존재를 인정받지요. 그런 면에서 아이들에게 부모님의 역할은 이루 말할 수 없이 중요합니다. 자식을 사랑하는 만큼 부모의 역할을 잘하고 싶지만 종종 현실적인 어려움에 부딪치기도 하지요.

이 책은 그렇게 망망대해에 놓인 듯한 부모님에게 바른 방향을 제시해줍니다. 사랑하는 아이를 소중하게 키워내는 데 있어, 부모님과 아이가 서로의 존재를 일깨워 줄 수 있도록 실질적인 지침이 잘 담겨 있지요. 저자의 경험도 어우러져 아이를 키우면서 벽에 많이 부딪히는 부모님에게 큰 도움을 줄 겁니다. 또한 저자 특유의 정감 넘치는 문체와 이야기를 들려주는 것 같은 글의 흐름이 친근하게 느껴집니다.

무엇보다 일반적인 부모의 역할과 이론에만 머물지 않고 서로에게 진정성을 제대로 나타내는, 행복한 아이와 부모의 관계에 초점을 두고 서술하여 읽다보면 어느새 훌륭한 부모로 가는 도착점에 다다라 있을 거예요.

특히 부모 노릇이 서툴고 어렵게만 느껴지는 분들이 겉으로 보이지 않았던 아이의 상처받은 마음이나 여러 가지 감정을 깨달아 아이의 빈 공간을 채워줄 수 있을 것입니다. 막 피어나기 시작한 아이들을 부모님들이 진실한 가르침으로 보듬어 준다면 머지않아 활짝 만개한 아이들의 아름다운 모습을 볼 수 있겠지요.

— 언북초등학교 임선미 선생님

엄마, 아빠의 보물 1호

며칠 전 1학년 아이들과 '내가 소중한 이유'를 말하는 활동을 하였습니다. 그 활동에서 한 아이가 '내가 소중한 이유는 엄마, 아빠의 보물 1호이기 때문이다'라고 대답한 것이 기억에 남습니다. 아직 부모가 되진 않았지만 아이들이 부모의 보물 1호라는 말에 공감합니다. 이렇게 소중한 보물인 아이들을 대할 때에 더 조심스러워집니다. 그럼에도 어른이고 교사인 제가 가끔 뾰족뾰족해져서 아이들에게 상처를 줄 때에는 스스로에게 실망하기도 합니다. 그럴 때 제 마음을 돌아보면 다른 이유들로 이미 감정이 날카로워진 상태인 경우가 많았습니다. 아이들 마음을 바라볼 여유가 없었던 겁니다. 감정의 불순물 없이 깨끗하고 넓은 포용력을 가진 바다 같은 엄마가 되어야 아이 마음을 만져줄 수 있다고 이야기하는 이 책을 보며 교사도 마찬가지라는 생각을 했습니다.

학교에서 아이들과 함께 지내면서 많은 시행착오를 겪는 중입니다. 훈계할 때 아이들이 잘 되길 바라는 진심과 올바른 방식으로 아이들을 가르치고 있는지 고민스러운 적이 많았습니다. 반대로 아이의 바르지 못한 부분을 그냥 넘어가지는 않았는지 반성하기도 합니다. 그래서 '아이가 잘 되길 바라는 마음에 엄하게 혼을 냈는데 돌이킬 수 없는 상처를 주기도 하고요, 바른 방식으로 사랑을 주었다고 생각했는데 아이가 받는 것에 익숙해져 버릇이 없어지고 나태해지기도 한다'는 저자의 얘기가 바로 제 얘기라며 크게 공감하였습니다.《아이와 자꾸 싸워요》는 이렇게 육아에 시행착오를 겪으며 고민하는 부모님을 위한 책입니다. 오랫동안 교육 분야를 공부하고 교육과 관련된 일을 해온 저자가 부모님에게 들려주는 이야기입니다. 저자는 부모님이 아이들의 마음을 들여다보고 소통할 수 있게 도와주려고 합니다. 부모님뿐 아니라 소중한 보물인 아이들을 대하는 모든 분들에게 크게 보탬이 될 것입니다.

— 언북초등학교 지혜연 선생님

이론보다 실전에
중심을 맞춰

'나는 과연 바다 같은 엄마인가?' 제 마음이 작디작은 금붕어 한 마리도 살기 버거운 좁은 마음은 아니었는지 생각해봤습니다. 생명의 근원인 바다처럼 엄마는 아이가 느끼는 많은 감정들을 받아줄 수 있어야 한다고 저자는 말합니다. '내 속에는 내가 너무도 많아 당신의 쉴 곳 없네'라는 노래 가사처럼 그동안 엄마 노릇이 힘들었던 것은 제 안의 가시와 좁은 마음 때문이었습니다. 육아에 지쳤던 저는 글을 읽는 내내 위로 받고 희망을 얻었습니다. 교육학과 상담을 전공하고 교직에 10년이나 있었지만 아이 키우는 일은 또 다른 세계였습니다. 이론으로만 알던 것들이 아이 앞에서 무너져 내리는 순간도 많았습니다.

이 책이 좋은 것은 이론보다 실전에 중심을 맞춰, 아이 마음에 다가가는 데 도움이 되기 때문입니다. 아이와 서로 상처를 주고받으며 힘들어 하는 부모님, 아이를 키우며 어디서부터인가 잘못되었다는 생각이 드는 부모님들께 이 책을 추천합니다. 더불어 하루 종일 아이들과 씨름하는 선생님들께도 일독을 권합니다. 개념적이면서 감성적인 저자의 글이 생명력 있게 다가와 아이 마음을 들여다보고 소통할 수 있도록 안내해줄 것입니다. 글 속에서 아이들과 하루하루 즐겁게 지낼 수 있는 방법을 찾으실 수 있습니다.

여러분 모두 저처럼 위로 받고 깨달음을 얻으며 좀 더 행복한 사람이 되길 바랍니다.

—언북초등학교 최정혜 선생님

선배 엄마의 지혜와 노하우

초등학교 현장에 있으면서 '엄마'의 존재가 아이의 학교생활과 학업, 친구 관계 등 모든 영역에 걸쳐 얼마나 큰 영향을 미치는지를 매일 깨닫습니다. 아이는 부모의 거울과 같아 부모 모습을 그대로 비추어주곤 합니다. 엄마가 행복하면 아이도 행복하고, 엄마가 우울하면 아이도 우울합니다. 엄마가 예민하면 아이도 학교에 와서 짜증을 내고, 엄마가 화를 내면 아이도 친구들한테 화를 냅니다. 아이와 엄마의 관계가, 아이가 세상과 맺는 관계에 그대로 반영되는 것입니다. 그러므로 아이의 성공적인 학교생활을 위해, 아이의 행복한 인생을 위해 '좋은 엄마'가 되는 일은 참으로 중요합니다. 저자는 교육계에서 25년 동안 일한 현장 전문가이자 교육대학원에서 상담심리를 전공한 상담심리 전문가로서, 우리가 겪는 아이 양육의 온갖 시행착오를 이미 다 겪어낸 이 땅의 '선배 엄마'로서 자녀 감정을 어루만지는 양육법의 알맹이를 보여줍니다. 저를 비롯해 아이에게 '좋은 엄마'가 되고 싶은 모든 초보 엄마가 선배 엄마의 지혜와 노하우를 전해 받아 '더 나은 엄마'로 한 단계 성장할 수 있기를 기대합니다.

— 동광초등학교 윤녹영 선생님

아이와 공감하고
소통하면서

30년이 넘도록 학교에서 많은 아이들과 학부모님을 만나면서 밝고 바르게 잘 성장한 아동아이 뒤에 좋은 부모님이 있다는 사실을 깨달았습니다. 자녀를 바람직하고 멋진 사회인으로 키우고 싶은 것은 모든 부모님의 소망입니다. 그러나 막상 자녀를 키우다보면 자녀 교육이 생각처럼 쉽지 않고 때론 혼신의 힘을 다해 가르쳤던 교육 방법이 내 뜻과 달리 역효과를 가져와 당황하고 좌절하는 경우가 드물지 않습니다.

　교육은 백년지대계(百年之大計)라고 합니다. 좋은 부모가 되는 것은 저절로 이루어지는 게 아니라 아이를 이해함과 더불어 바람직하고 효과적인 양육 방법을 끊임없이 배우고 실천하려는 노력이 뒤따르는 고된 작업입니다. 제 자신도 종종 제 아이를 양육하던 시간을 돌아보면서 좀 더 일찍 배워서 알았더라면 하는 후회와 아쉬움을 느낍니다.

　저자를 가까이에서 지켜 본 사람으로 《아이와 자꾸 싸워요》 출간 소식에 반갑고 기뻤습니다. 해박한 교육이론을 바탕으로 오랫동안 열정과 신념으로 교육 현장에서 전심전력을 다해온 저자의 경험이 담겨 자녀 교육에 관심 있고 바르게 키우고 싶어 하시는 부모님들께 좋은 이정표가 되리라 확신합니다. 이 책을 읽으면서 아이와 공감하고 소통하면서 변화해가는 자녀의 모습에 기뻐하는 날을 맞이할 부모님들을 그려봅니다.

– 장내초등학교 홍인숙 선생님

프롤로그

내 아이를 의미 있는 존재로
꽃피우려면

내가 그의 이름을 불러 준 것처럼
나의 이 빛깔과 향기에 알맞은
누가 나의 이름을 불러다오
그에게로 가서 나도
그의 꽃이 되고 싶다.

〈꽃〉 중에서

김춘수의 시 〈꽃〉에 나온 것처럼 우리들은 모두 의미 있는 존재가 되고 싶어 합니다. 나만의 빛깔과 향기를 가진 사람이 되어 그에 맞는 이름으로 불리고 싶어 하지요. 잊히지 않는 하나의 눈짓처럼 서로에게 의미 있는 사람이 되거나, 서로의 꽃이 되어 오래오래 함께하고 싶은 마음도 있어요. 사랑을 주고받으며 환영하고 환영받는 삶을 살고 싶은 소망은 물론, 이 땅에 태어난 의미를 찾고자 하는 욕구도 가지고 있습니다. 그렇기에 우리는 매 순간 사랑하며, 감동하며, 싸우며, 배우며 최선을 다해서 살아가는 것이겠지요.

꽃처럼 아름답게
피어나기를

들판에 피어있는 수많은 꽃들도 다 이름이 있어요. 아무리 작은 풀꽃이라도 그 향기와 모양새에 맞는 제 이름을 가지고 있답니다. 그리고 시기에 맞추어 누가 봐주지 않더라도 저마다 아름다운 꽃들을 피워내지요.

부모라면 모두 내 아이가 꽃처럼 피어나길 바라겠죠? 그래서 아이의 이름을 지을 때 '내 아이가 살아갔으면 하는 삶'을 이름에 담는 것입니다. 아이가 이름처럼 밝고 건강한 삶을 살기를 기원하면서. 꽃처럼 아름답게 피어나 사랑받기를 바라면서.

아이가 붙여준 이름대로, 이름을 지어줄 때의 소망대로 행복하고 밝게만 자라준다면 얼마나 좋을까요. 그러나 생각대로 되지 않는 것이 삶이지요. 아이에 대한 끝없는 사랑의 마음에도 불구하고 자꾸만 어긋나고 틀어지기 십상이에요. 아이기 잘 되긴 바라는 마음에 엄하게 혼을 냈는데 돌이킬 수 없는 상처를 주기도 하고요. 바른 방식으로 사랑을 주었다고 생각했는데 받는 것에만 익숙해져서 버릇이 없어지거나 나태해지기도 합니다.

이처럼 아이를 키운다는 것은, 부모가 된다는 것은 쉬운 일이 아니에요. 모든 부모는 소중한 내 아이가 스스로의 삶을 멋지게 펼쳐 나가기 바라지만, 아이를 키우면 키울수록 어디서부터인가 잘못되었다는 생각이 들 때가 많은 게 현실이지요.

**처음부터 완벽한
부모는 없다**

처음부터 부모로 태어나는 사람은 없어요. 서투른 것이 당연하고, 그러니까 더더욱 좋은 부모가 되기 위한 교육이 필요합니다. 그러나 우리 사회의 현실은 어떤가요? 아이를 좋은 대학에 보내기 위한 열정은 넘치지만, 스스로 좋은 부모가 되어야겠다는 움직임은 부족합니다. 좋은 부모가 되기 위해 공부하고 싶은 마음이 있다 하더라도 이를 지원해줄 사회 제반여건은 턱없이 모자라지요. 도움 하나 없이 무작정 시작한 일이 어렵고 낯선 것은 당연합니다. 그러니 시행착오를 반복하게 되고, 그 사이 아이와 틀어지고 서로 상처를 주고받게 되지요.

어긋나는 아이와의 관계가, 그 감정의 골이 너무 깊고 두렵게만 보여서, 이미 돌이킬 수 없다는 생각이 들 수도 있습니다. 어디서부터 다시 시작해야 할지, 무슨 말을 건네고 어떤 방식으로 훈육을 해야 변화가 있을지 그저 아득하고 막막하게만 느껴질 수도 있어요. 그러나 부모가 포기하면 아이와의 관계는 영영 되돌릴 수 없게 됩니다. 이제부터라도 다시 시작이라는 마음을 가지셔야 해요. 한 번 더 마음을 다잡고 아이의 속마음을 들여다본다면, 그 마음을 이해하고 보듬어준다면, 아이는 분명히 꽃처럼 피어날 수 있어요. 아이의 삶은 무한한 가능성을 지니고 있으니까요.

저 역시 부모 노릇이 쉽지만은 않았답니다. 오랜 시간 교육학을 공부했음에도, 그 모든 이론과 연구가 무색할 정도로 수없는 시행착오와 고민을 거듭해야만 했지요. 이론만으로는 해결할 수 없는 문제 앞에 어찌할 바를 몰라 발을 동동 구르기도 했어요. 아이를 키우는 과정은 전혀 예상치 못한 일들이 시시때때로 벌어지는 실전이기 때문입니다.

이 책은 건강한 부모 노릇을 위한 안내서입니다. 아이가 꽃처럼 의미 있는 삶을 살도록 하기 위해, 아이와 내가 서로에게 의미 있는 존재가 되기 위해 노력하는 모든 부모를 위한 책이지요. 이론보다도 실전에 초점을 맞추어 아이의 마음에 다가가는 데 실질적인 도움이 될 수 있도록 서술하였습니다. 부모 노릇이 마냥 어렵고 서투르기만 했던 여러분들이 이 책을 통해 아이의 마음을 들여다보고, 상처받은 마음을 만져줄 수 있다면. 그리하여 감격적인 소통을 할 수 있게 된다면 저에게도 더할 나위 없는 큰 기쁨이 될 것입니다.

아이 안에 숨겨진 재능을
꽃피우자

이런 이야기가 있어요. 주인이 여행을 떠나면서

하인들에게 각각 한 달란트, 두 달란트, 다섯 달란트를 맡겼습니다. 시간이 지나, 긴 여행에서 돌아온 주인은 하인들에게 맡겨두었던 달란트를 다시 가져오게 했지요.

두 달란트, 다섯 달란트를 맡은 하인들은 장사를 하여 각각 두 배, 다섯 배의 이익을 남겼고, 그리하여 더 큰 상금을 받을 수 있었어요. 하지만 한 달란트를 받은 하인은 달랐습니다.

"주인이시여, 당신은 신실하시니. 제가 그 한 달란트를 그대로 땅속에 묻었다가 가지고 왔나이다."

이 말을 들은 주인은, '이 게으르고 악한 종아, 당장 내 집에서 나가거라'라고 말하며, 하인을 내쫓았습니다.

달란트는 고대의 화폐 단위이자 '탤런트'의 의미가 있어요. 저는 이렇게 생각해요. 탤런트는 신이 우리에게 주신 선물입니다. 다섯 개의 특별한 재주를 가지고 태어나는 운 좋은 사람도 분명 존재하지만, 중요한 것은 우리 모두 각자에 맞는 한 가지 탤런트는 가지고 태어났다는 사실이에요. 사람마다 가진 재능과 소질이 각각 다르다는 것이지요. 다름은 옳고 그름이 아니라, 차이이기에 무엇이 더 좋다고 이야기하는 것은 의미 없는 일이에요. 다양한 탤런트를 가지고 있는 사람도 있고, 유독 예술 분야에 뛰어난 재능을 가진 사람도 있지요. 저처럼 아주 평범한 사람도 있고요.

인생은 자신에게 주어진 삶의 무게와 목적에 맞게 신이 주신 탤런트를 발견하고, 그것을 더욱 가치 있는 것으로 바꾸어가는 여행입니다. 엄마의 역할은 아이에게 숨겨진 보물을 찾고 그 보물을 가치 있게 만드는 것이지요. 아이가 그 보물을 바탕으로 창의적이고, 행복한 삶을 살아갈 수 있도록 말이에요.

또한 자신에게 주어진 텔런트를 발견해 잘 가꾼 사람은 다른 분야에서도 더욱 뛰어난 성과를 거둘 수 있게 됩니다. 이러한 현상을 전이효과라고 해요. 한 가지 방면에서 뛰어난 능력과 자신감을 얻게 되면 다른 영역에서도 탁월한 성취를 이룰 수 있다는 것이지요. 그러니 내 아이가 가진 재능이 부족하다고 실망하거나 원망하지 마세요. 주어진 재능을 잘 가꾸고 꽃 피울 수 있도록 성심을 다해 도와주세요. 가진 재능을 꽃 피운 아이는 재능의 씨를 날려 더 많은 꽃송이를 피워낼 테니까요.

내 아이의 삶이 활짝 꽃 피우게 될지, 시들어 어떤 흔적도 남기지 못하게 될지는 모두 부모님, 즉 여러분 손에 달려있습니다. 그렇기에 나만은 무슨 일이 있어도 내 아이를 믿고, 의지가 되어주겠다는 마음을 가지셔야 해요.

그럼, 이제 내 아이의 삶과 재능을 꽃 피우기 위한 본격적인 여행을 떠나볼까요?

차례

추천의 글	4
프롤로그 내 아이를 의미 있는 존재로 꽃피우려면	12

1장 삶을 변화시키는 엄마되기

감정이란 무엇이며, 우리 삶에서 감정은 얼마나 중요할까?	23
마음에 문제가 생기면 어떤 일이 벌어질까?	27
마음을 다친 아이라면	31
인간은 과연 합리적일까?	33
공감은 왜 중요할까?	41
마법 같은 마음의 힘! 아브라카다브라!	47

2장 엄마를 위한 마음 만지기

아이에게 영향을 미치는 내 안의 상처 다루는 법	55
엄마의 말이 아이를 만든다	62
내 아이는 누구의 것?	72
아이의 마음을 지켜주는 따뜻한 엄마	79
진짜 엄마 십계명	86

3장 엄마, 내 마음을 만져 줘

1단계 : 바다 같은 엄마	93
2단계 : 마음 읽어주는 엄마	96
3단계 : 공감하는 엄마	102
4단계 : 상황인식을 돕는 엄마	109

4장   발달 단계별 아이의 마음 만지기

마음코칭, 언제 시작할까?	125
건강한 낯가림	134
아이의 감정 표현 받아주기	138
유대감을 높이는 대화의 기술	144
발달 단계별 아이의 마음 다루기	152

5장   공부도 마음이다

아이, 제대로 알기	161
남자아이와 여자아이	172
칭찬과 응원	180
들어주기	185
공감, 이해 그리고 칭찬	192
아이를 변화시키는 엄마의 좋은 질문	200
성공과 행복보다 더 중요한 것	206

6장   스스로 공부하게 하는 엄마

공부를 도와주는 호르몬의 비밀	215
행복한 공부의 시작	222
마음코칭이 인재를 만든다	245
공부를 해야 하는 30가지 이유	265

에필로그   아이들의 행복한 삶을 위하여   267

삶을 변화시키는 엄마되기

감정이란 무엇이며, 우리 삶에서 감정은 얼마나 중요할까?

사람은 살면서 다양한 감정을 느끼게 됩니다. 때로는 웃고, 때로는 울고, 누군가를 사랑하거나 혹은 미워하기도 하지요. 그렇다면 우리를 울고 웃게 만드는 이 감정이란 도대체 무엇일까요?

감정을 이해하기 위해서는 우선 감각부터 파악해야 합니다. 감각이란 시각, 후각, 미각, 청각, 촉각은 물론 흔히들 일컫는 육감 등을 통해 외부의 사물이나 존재, 행동 등을 인지하는 것입니다. 감각을 통해 인지된 내용을 정보라고 부르고, 이 정보에 대한 우리의 반응을 감정이라고 해요.

태어나서 처음 불을 본 아이들은 그게 무엇인지 몰라 무심코 손을 대려하지만, 한 번이라도 데어본 적이 있는 아이는 불을 보기만 해도 손을 등 뒤로 감추고는 하잖아요? 그게 바로 감정인 거죠. 뜨겁고 무섭고 두려웠던 느낌.

감정을
이해하기

그렇다면 감정에는 어떤 종류가 있을까요? 동양에서는 흔히 칠정(七情)이라고 하여 크게 일곱 가지 기본 감정이 존재한다고 이야기해요. 많이들 아는 기쁨(喜, 희), 분노(怒, 노), 슬픔(哀, 애), 즐거움(樂, 락)에 사랑(愛, 애), 미움(惡, 오), 욕망(慾, 욕)이 더해지고, 그 아래 조금 더 세부적인 감정들이 존재한다고 보는 것이죠.

여러분도 분명히 다양한 감정을 느끼며 살아왔을 거예요. 배우자를 처음 만났을 때를 떠올려 볼까요? 첫 눈에 '어머, 딱 내 스타일이야!' 하고 반한 분들도 있을 테고, '수더분하고 착하기는 한데, 내 스타일은 아니네'라고 생각하신 분들도 있겠지요. 순식간에 불같은 사랑에 빠졌건, 서서히 물들어가는 사랑을 했건 깊은 애정과 믿음에 확신을 느끼고 결혼을 결심한 순간의 감정은 잊기 어렵습니다. 이 사람과 함께라면 행복할 수 있을 것이라는 기대, 한편으로는 내가 정말 잘 해나갈 수 있을까 하는 불안. 화장이 잘 먹지 않을까 봐 걱정하면서도 두근거려 잠들지 못하던 결혼 전야는 물론 떨리는 마음으로 식장 안으로 들어서던 순간도 잊을 수 없겠죠.

이번에는 조금 더 최근의 감정을 떠올려 볼까요? 초음파 촬영을 통해 아이와 처음 만난 그 순간, 다들 생생하게 기억나시죠? 이렇게 작은 데 눈이며 코는 물론 손가락까지 어쩜 그리 또렷하게 구분이 되는지, 몸을 웅크리고 있을 뿐인데 이렇게나 사랑스럽고 마음이 벅찰 수 있는지.

아이를 좀 더 키운 부모님들은 미운 다섯 살이라는 말이 왜 생겼는지 몸소 체험하셨을 겁니다. 요새는 좀 더 빨라져서 미운 세 살이라고도 한다지요? 그 모든 순간을 떠올릴 때 마음속에 일어나는 감정은 바로 여러분이 열심히, 그리고 최선을 다해 살아온 증거입니다. 그것이 좋은 감정이든 그렇지 않든 말이에요.

앞으로도 살아가면서 많은 일을 겪고, 또 많은 감정을 느끼게 될 거예요. 특히 부모라는 이름으로 자식을 통해 여태 느끼지 못했던 감정들을 깨닫게 되겠죠. 모든 것을 내어줄 수 있을 것 같은 헌신의 마음, 내 맘대로 되지 않는 속상함, 더 좋은 것을 주지 못하는 미안함과 안타까움, 그리고 세상 무엇과도 바꿀 수 없을 정도로 사랑하는 마음까지요. 온전히 나만을 바라보며, 나에게 의지하고 살아가는 아이는 그만큼 특별한 존재랍니다. 겪어보지 않고는 결코 알 수 없는 감정들이죠.

감정을 이해해야
내가 보인다

왜 이렇게 감정에 대한 이야기를 늘어놓는지 궁금하시죠? 그만큼 감정이 삶에 있어 중요한 부분이기 때문입니다. 자신의 감정을 객관적으로 바라보는 것이 온전히 한 사람으로 일어서는 일의 시작이라고 할 수 있어요.

우리가 살아가면서 겪는 모든 일의 바탕에는 감정 교류가 존재합니다. 부부 사이, 부모와 자녀 사이, 친구와의 관계, 심지어 공적인 장소인 회사에서도 감정은 중요한 영향을 끼치죠. 감정 교류가 없는 관계는 아무런 의미도 없다고 볼 수 있어요. 미움보다 무서운 것이 무관심이라는 말도 있잖아요. 상대방이 나에게 아무런 감정이 없는 것보다 차라리 미움 받는 것이 낫다는 얘기지요. 이 정도면 감정이 얼마나 중요한지 잘 아시겠죠? 그렇기에 우리는 감정이 건강할 수 있도록 잘 관리해주어야 합니다. 만약 감정이 건강하지 못하면 어떤 일이 생길까요? 그리고 감정이 건강하지 못한 상태란 어떤 것일까요? 궁금하시죠? 이제부터 알려드릴 테니, 저를 놓치지 말고 잘 따라오세요!

마음에 문제가 생기면 어떤 일이 벌어질까?

앞서 감정의 중요성에 대해서 이야기했습니다. 그렇다면 감정에 문제가 생기면 어떻게 될까요? 그리고 감정에 문제가 생긴다는 것은 어떤 의미일까요? 너무 추상적이어서 이해하기 어렵다고요? 그럼 이해를 돕기 위해 단어를 바꿔볼게요.

감정을 마음으로, 문제를 상처로 바꿔서 다시 한 번 읽어보세요. '마음에 상처를 입으면' 어때요, 한결 이해하기 쉬워졌죠? 그렇습니다. 감정이란 결국 우리의 마음입니다. 마음에 너무나 심한 상처를 입으면 과연 어떤 일이 벌어질까요? 흔히 이야기하는 트라우마가 생기고, 이로 인해 모든 것이 송두리째 변하게 됩니다.

마음에 상처를 입으면

간단한 예를 들어볼까요? 여러분 주위의 사람

들을 한 번 떠올려 보세요. '저 사람은 왜 저렇게 이기적이지?' 싶거나, 어떤 일에 강박적인 태도를 보인다거나, 주위 사람의 의견에 쉽게 휘둘리고 눈치를 보는 사람 혹시 있지 않나요? 모두 마음에 상처를 입었기 때문에, 즉 감정에 문제가 생겼기 때문에 발생하는 일들이랍니다.

문제의 크기가 크면 클수록 이런 증상들은 더욱 심해져 병적인 상태로 이어지거나 실제로 정신적, 신체적인 병까지 앓게 되기도 해요. 감정 때문에 병까지 앓다니 너무 비약이 심한 것 아니냐고요? 천만의 말씀!

우리가 곧잘 생각하는 것처럼 감정은 비이성적이고 주관적인 영역이 아닙니다. 뇌와 호르몬에 밀접하게 관련되어 있는 과학적이고, 논리적인 영역이에요. 감정 문제는 호르몬의 분비에 영향을 미치고, 이로 인해 뇌의 상태도 변화하죠. 뇌가 변하면 어떻게 될까요?

그래요, 바로 우리 자신이 변하는 것입니다. 그런데 그 변화가 부정적인 형태라면 정신적인 질병은 물론 탈모증상이 생긴다거나, 쉽게 피곤해지고 입맛이 없어진다거나 하는 외적 증상까지 동반할 수도 있습니다.

감정이 건강해야
삶도 건강해진다

과도한 스트레스, 충격적인 경험, 학대, 이별, 버려짐 등 셀 수도 없이 많은 일들이 우리의 마음에 상처를 남깁니다.

어린 시절의 경험은 물론 청소년기와 성인기에 겪은 일도 얼마든지 감정에 문제를 일으킬 수 있어요. 그리고 이러한 문제는 우리의 생각과 타인을 대하는 태도, 삶을 바라보는 방식에 이르기까지 모든 것을 뒤흔들고 바꾸어버립니다.

큰 사회적 이슈인 왕따나 일진 문제가 대표적인 예가 될 수 있겠죠. 사실 왕따를 당하는 학생과 괴롭히는 학생들의 마음속 깊은 곳은 꽤 비슷하답니다. 감정에 문제가 생길 만큼 큰일을 겪어 자존감이 낮아진 상태이며, 이로 인해 타인과 온전한 관계를 맺지 못해 외톨이가 되거나 공격적인 성향을 드러내는 것이죠. 외부적인 태도는 물론 내면의 상태도 크게 변하게 됩니다. ADHD(주의력결핍과잉행동장애), 틱장애와 같은 병들은 모두 감정, 즉 마음에 문제가 생겨 일어나는 일이에요. 최근 들어 사회 문제로 급부상 중인 은둔형 외톨이도 그 밑바탕에는 감정을 부정당한 경험이 존재합니다. 자존감이 극히 낮아진 상태이기에 우울증에 걸릴 확률이 높고, 너무나 비극적이게도 스스로 목숨을 끊는 사람들도 생기는 것이죠.

하지만 감정이 건강한 사람은 큰 어려움이나 시련이 닥쳐도 쉽게 좌절하거나 쓰러지지 않아요. 감정을 온전히 이해받고, 공감 받은 경험이 있기에 자신을 믿고 앞으로 나아갈 수 있죠. 그렇기 때문에 감정을 잘 챙기는 것이 중요합니다. 건강한 감정은 행복하고 발전적인 삶을 이루는 토대가 되어주니까요. 만약 감정에 문제가 생기고, 마음에 큰 상처를 입었다고 해도 너무 낙심하지는 마세요. 자신의 지속적인 노력과 주위의 도움이 있으면 얼마든지 건강한 감정을 만들어 갈 수 있으니까요. 자, 우리 모두 자신의 감정을 한 번 들여다볼까요? 그리고 꼬옥 껴안아 주세요.

"내 감정아, 내 마음아 고생 많았지? 앞으로 너를 더욱 아낄 테니 우리 함께 더 행복해지자!"

스스로 마음을 들여다보고, 어루만지는 것이 건강한 마음을 가꾸는 시작이니까요!

마음을
다친
아이라면

다음은 감정을 다쳤거나 감정에 문제가 있는 아이들이 보이는 습관과 특성들입니다. 내 아이에게 많은 특성이 한꺼번에 보이거나, 빈도와 정도가 심할 경우 감정에 문제가 있을 확률이 높지요.

감정을 다친 아이들의 습관과 특성들

1. 과제를 잘 하지 않는다.
2. 집중력이 부족하고, 주의가 산만하다.
3. 정리정돈을 하지 못한다.
4. 물건을 잘 잃어버린다.
5. 수줍음이 지나치게 많다.
6. 이기적이다.
7. 규칙을 지키지 않는다.
8. 변명을 잘 한다.
9. 남의 말을 귀담아 듣지 않는다.
10. 욕을 잘 한다.
11. 공연히 심술을 부린다.
12. 괴성을 지른다.
13. 물건을 훔친다.
14. 남을 귀찮게 한다.
15. 고자질한다.
16. 용모와 복장이 불결하다.
17. 말대꾸를 한다.
18. 책임감이 부족하다.
19. 거짓말을 습관적으로 한다.
20. 자신감이 부족하다.

21. 승부욕이 지나치게 강하다.
22. 무례하고 버릇이 없다.
23. 친구들과 잘 다툰다.
24. 지속적으로 놀림을 받는다.
25. 떼를 쓴다.
26. 먹는 것을 너무 밝힌다.
27. 운동을 싫어한다.
28. 게으르고 태만하다.
29. 친구가 없다.
30. 감정처리가 잘 안되어 화를 잘 낸다.
31. 친구들과 잘 싸운다.
32. 집단따돌림을 당한다.
33. 집단따돌림에 앞장선다.
34. 독불장군이다.
35. 친구들과 어울려 나쁜 짓을 한다.
36. 소극적이며 수동적이다.
37. 쉽게 포기한다.
38. 가족에게 무심하다.
39. 형제끼리 자주, 심하게 싸운다.
40. 충동적이다.
41. 얼굴표정이 어둡고 걱정이 많다.
42. 대가를 바라고 착한 일을 한다.
43. 냉소적이다.
44. 편견을 보인다.
45. 타인의 약점을 들추고 함부로 말한다.
46. 지나치게 완벽주의다.
47. 물욕이 심하다.
48. 스포츠 정신이 부족하다.
49. 도전정신이 부족하다.
50. 매사에 의욕이 없다.

인간은
과연
합리적일까?

'인간은 이성의 동물'이라는 아주 유명한 말이 있지요? 인간과 동물을 구별하는 근거가 바로 이성이기에 나온 말인데요. 그렇다면 동물은 이성이 없는 걸까요? 이성이란 무엇일까요? 이를 명확히 이해하기 위해서는 우선 인간의 두뇌 구조가 어떻게 되어있는지 알아볼 필요가 있답니다.

우리 뇌의
구조

인간의 뇌는 크게 3층으로 이루어져 있습니다. 각각 다른 기능을 하고, 담당하는 기능에 맞는 별명도 있답니다. 우선 가장 안쪽에 있는 뇌는 뇌간이라고 불러요. 파충류 진화 단계에서부터 존재했던 원초적인 뇌랍니다. 그래서 '파충류의 뇌'라는 별명으로 부르지요.

뇌의 3층 구조

 인간이 태어나기 전부터 있었던 원초적인 뇌인 만큼 호흡, 심장 박동, 혈압 조절, 체온 조절 등 생명 유지에 필수적인 기능을 담당하고 있지요. 숨을 쉬고, 혈액을 공급하는 등 의식하지 않아도 이루어지는 생명의 기본 활동을 관장하기에 '생명의 뇌'라고도 불러요.

 가운데에 있는 대뇌변연계는 포유류 진화 단계에서 생긴 뇌이므로, '포유류의 뇌'라고 부릅니다. 파충류에게는 없는 부분이지요. 변연계는 뇌간과 전두엽 사이를 오가며 정보를 전달해주는 매개체 역할을 해요. 감정을 유발하는 호르몬과 신경전달물질이 이곳에서 작용하고 있어, 주로 감정을 다루는 기능을 한답니다. 또 여기에는 해마와 편도체가 있습니다. 해마는 기억을 저장하는 일을 담당하고, 편도체는 본능적인 호불호와 공포, 정서조절을 담당하고 있지요. 감정을 다스리고 있기 때문에 '감정의 뇌'라고도 불러요.

동물이 울부짖으며 슬퍼하거나 분노로 으르렁거리는 등 감정 표현을 할 수 있는 것도 이 감정의 뇌(포유류의 뇌) 때문이지요. 감정을 관장하다 보니 생명 유지와 크게 상관이 없다고 느낄 수도 있지만, 사실은 꼭 필요한 존재랍니다. 감각기관을 통해 외부 정보가 해마로 들어오는데, 이 자극이 생명에 위험을 준다고 판단되면 편도체에 정보를 전달해요. 편도체는 이 정보를 저장해서, 같은 자극이 다시 오면 위험하다는 것을 몸에 알리기 위해 호르몬을 조절해서 공격성을 강화하지요. 그래서 위험한 상황이 닥치면 동물이 공격적인 반응을 보이고, 사람 역시 감정적으로 격해지면 공격적이고 폭력적인 행동을 하는 거예요. 뇌간이 숨을 쉴 수 있게 해준다면, 변연계는 위험으로부터 몸을 지키는 역할을 하지요.

가장 바깥에 있는 대뇌피질은 모든 동물에게 있는 부분이 아니랍니다. 인간이 가장 발달해 있으며, 일부 발달된 동물도 있긴 하지만 인간 수준에는 미치지 못하죠. 그 중에서도 이마 쪽에 있는 전두엽은 진화 역사상 가장 최근에 발달한 부분으로 인간만이 보유하고 있는 뇌입니다. 그렇기에 '인간의 뇌'라는 별명이 붙었답니다.

전두엽은 고도의 정신 기능과 창조 기능을 담당하고 있어요. 그래서 이성적인 사고 판단이 가능하도록 하지요. 일의 우선순위를 정하거나, 무엇이 나은지를 신중하게 선택하거나, 규칙을 지키거나 본능을 억제하는 식으로 다양한 문제를 판단하고 해결합니다. 그래서 '이성의 뇌'라고도 부른답니다.

감정은 이성을 방해하지 않는다

생각보다 알기 쉽지요? 고도로 발달한 뇌는 인간에게만 있으므로 인간은 이성의 동물이라고 할 만하지요. 그런데 이 말 때문에 많은 사람들이 착각하는 게 하나 있어요. 이성이 옳은 판단을 내리고 인간의 행동을 결정하는 반면, 감정은 이러한 이성을 방해하여 행동을 못하도록 만든다는 생각이죠. 사실은 그렇지 않답니다. 사람의 행동에 결정적인 영향을 미치는 건 바로 감정이에요. 무의식 속의 정서 기억이 작용하여 결정을 내리지요. 사람들은 인간이 이성적이고 합리적이라고 생각하고, 판단을 내릴 때도 이성을 통해 합리적으로 결정한다고 생각하는데요, 인간은 오히려 감정을 기준으로 판단하는 동물입니다. 우리네 생활만 살펴봐도 알 수 있어요.

"새 옷 샀네. 평소 네 스타일이랑 좀 다른 것 같은데, 갑자기 왜 그 옷을 샀어?"

"음, 그냥…… 예뻐서."

이런 대화 많이들 하지요. 좋은 옷을 고르기 위해 백화점을 몇 바퀴나 돌며 재질, 가격, 내구성을 비교해보지만 많은 고민 끝에 '그냥 예뻐서' 산 옷도 적지 않잖아요. 계획에 없던 충동구매를 하게 될 때도 많지요.

반대로 요즘 자기결정력이 부족한 사람들도 많아요. 식사 메뉴도 제대로 못 정하고, 중요한 일 앞에서 우왕좌왕하는 사람들, 주변에 흔히 있지요. 이리저리 합리적으로 생각하다보니 결정을 못한다고 생각할 수 있는데, 이것도 사실은 감정적인 행동이랍니다. 한마디로 말하자면, 인간은 합리적일 것 같지만 극히 감정적이고 충동적입니다. 인간이 하는 행동의 99%는 감정이 결정하는 셈이니까요.

감정은 이성적 판단을 돕는 역할도 한답니다. 네? 앞서 말한 내용과 다르다고요? 감정은 이성을 방해하는 것이 아니냐고요? 꼭 그렇지는 않답니다. 제가 모든 행동은 감정이 결정한다고 말했지요. 그래서요, 감정이 없으면 이성적인 판단도 내릴 수 없답니다. 선뜻 이해가 가지 않는다고요? 그렇다면 재미있는 얘기를 하나 해볼게요.

감정이 없어져서
실패한 사람

미국에 엘리엇이라는 성공한 경영인이 있었어요. 그는 뇌종양을 앓았고, 종양을 제거하기 위해 뇌의 일부를 같이 제거하는 수술을 받았습니다. 그래서 복내측 전전두피질이라고 부르는 부분에 손상을 입었답니다. 이 부분은 감정을 느끼는 기능과 관련되어 있어요. 감정과 사고를 종합해서 감정을 통제하는 기능을 하지요. 판단과 결정도 이 부분이 내린답니다.

감정에 대한 부분만 절제했기 때문에 엘리엇의 이성에는 큰 문제가 없었어요. 기억력이나 인식 능력, 언어 능력에 별 이상이 없었고, 지능도 그대로였지요. 신체를 움직이는 운동 능력도 여전히 좋았어요. 오로지 감정을 느끼지 못할 뿐이었지요. 말하자면, 감정이 없는 로봇과 비슷한 상태였다고 할 수 있겠네요.

엘리엇의 주치의였던 신경학자 안토니오 다마시오(Antonio Damasio)는 엘리엇이 퇴원하고 나서 전처럼 경영인으로서 성공한 삶을 살아갈 수 있을 거라고 생각했어요. 이성적인 판단을 방해하는 감정이 없으니 좀 더 합리적인 결정을 내릴 수 있어서 수술 전보다 훨씬 나은 삶을 살 것이라 예측했지요.

그런데 퇴원 후 엘리엇의 삶은 모두의 예상과는 반대로 흘러갔습니다. 이성의 뇌에 아무 문제가 없음에도 불구하고, 엘리엇은 이성적이지 못한 행동으로 주변 사람을 힘들게 했어요. 이성적인 판단이 무엇보다 중요한 경영인임에도 제대로 된 판단을 하지 못했답니다. 일상의 사소한 일도 판단을 잘 내리지 못했어요. 시간을 효율적으로 배분해서 쓰지 못했고, 목표 설정에도 애를 먹었답니다. 일의 우선순위를 판단하지 못해 중요한 일을 제쳐두고 사소한 일에 며칠 내내 매달렸지요. 아주 작은 일도 결정을 내리지 못했고요. 심지어 식사할 장소나 점심 메뉴를 결정하는 일, 친구와 약속을 정하는 일도 하지 못했어요.

결국 엘리엇은 직장에서 쫓겨나 새로운 사업을 시작했습니다. 그런데 누가 봐도 사업 파트너로 적합하지 않은 사기꾼과 동업을 했다가 파산했답니다. 그리고 아내와도 이혼을 하게 되었지요.

왜 이렇게 되었을까요? 지능도, 이성도 아무 문제가 없던 엘리엇이 왜 이런 실패를 연달아 겪었을까요? 사기꾼인지 뻔히 알면서 왜 손을 잡았을까요? 대답은 바로 감정에 있습니다. 감정이 판단에 깊은 영향을 미치기 때문입니다.

어떤 경험을 하면 뇌의 변연계에서는 그 경험에 대한 가치 판단을 내립니다. 얼마나 좋아했는지, 혹은 싫어했는지를 판단하고 뇌가 그 기억을 저장하지요. 보통 사람은 사기꾼과 같은 사람을 대할 때 직·간접적 경험을 바탕으로 불쾌하고 싫은 감정을 느낍니다. 위험에 대처하기 위해 뇌가 신호를 보내는 것이지요. 그런데 엘리엇은 이 부분의 뇌가 제거되었기 때문에 감정을 판단하지 못했고, 기억도 저장하지 못했습니다. 판단력에 이상이 생겼기 때문에 결정력에도 문제가 생겼고, 끝내 옳고 그름의 분별조차 하지 못하게 된 것이죠. 이처럼 이성은, 감정 없이는 불완전한 존재에 지나지 않는답니다.

육아와
감정코칭

육아에서도 마찬가지입니다. 감정이 많은 행동을 결정하지요. 이성적으로는 하면 안 되는 줄 알면서도 가끔 감정이 앞서 말이나 행동부터 나갈 때가 있지요? 아이에게 손찌검을 하면 안 된다, 소리 지르거나 비난하면 안 된다, 아이의 결과보다 과정을 중요하게 여겨야 한다, 이런 것들. 다 알지만 그게 맘처럼 쉽지 않잖아요. 화가 치밀어서 먼저 혼을 내고 뒤늦게 후회할 때도 많죠. 이는 이성이 발달하지 못해서가 아니라 엄마 안에 해결되지 않은 감정 때문에 감정의 뇌가 예민하게 반응해서인데요. 감정코칭이 필요한 이유도 이 때문입니다. 엄마부터 스스로 감정코칭을 하고, 그 다음 아이의 감정코칭을 해야 하지요.

또, 아이를 키울 때도 감정보다 이성이 중요하다고 생각해 이성 중심의 사고방식을 가르치고, 이성을 앞세워 훈계하기 쉬운데요, 사실상 이성 하나로는 아무것도 해결되지 않아요. 감정이 풍부하게 발달한 아이가 더 좋은 판단을 내리고 이성적으로 행동합니다. 감정이 부족한 아이는 이성적인 판단 자체가 어렵기 때문에 오판을 잘 내리고 충동적인 결정도 내리지요. 모든 선택은 감정이 결정하므로 감정 중심의 코칭이 중요하다는 것을 기억해두세요.

공감은
왜
중요할까?

　공감이란 남의 감정이나 의견, 주장을 자신도 그렇다고 느끼는 것이에요. 동감과는 조금 다르지요. 동감이 타인과 같은 감정을 함께 느끼는 것이라면 공감은 타인의 사정과 감정에 자신의 감정을 이입하는 것입니다.

　공감의 기본은 자신의 판단이나 의견을 우선하지 않는 태도지요. 상대의 기분과 의견에 먼저 동조해주고, 상대의 마음을 긍정하는 것이 바로 공감입니다. 사회적인 관계를 잘 맺고 유지하려면 이 공감능력이 최우선적으로 필요하다는 말, 많이 들어보셨을 거예요.

　감정코칭 역시 바로 공감이 핵심이라고 볼 수 있습니다. 공감의 여부와 질이 감정코칭의 성패를 결정하지요. 그런데 도대체 왜 그토록 공감이 중요한 걸까요?

　공감을 해주면 외롭지 않으니까? 공감이 곧 소통이니까? 공감을 해주면 기분이 누그러지니까? 왠지 잘 와 닿지가 않지요? 중요한 건 알겠는데, 왜 중요한지 설명이 없으니 구체적으로 납득이 안 갈 수도 있고요. 그렇다면 한번 알아볼까요? 어떻게? 과학적으로!

공감의 과학적인 작동원리

주관적이고 비이성적 영역이라고 생각하기 쉬운 공감은, 사실 굉장히 과학적인 부분이에요. 뇌의 발달을 살펴보면 공감이 왜 필요한지, 얼마나 중요한지 알 수 있어요. 인간의 뇌는 수십 년에 걸쳐서 발달을 하는데요, 이 발달 과정에서 공감이 중요한 이유를 발견할 수 있답니다.

생명을 관장하는 뇌간은 태어날 때 거의 완성되어 있는 반면, 변연계와 전두엽은 완성되기까지 제법 긴 세월이 필요합니다. 변연계는 사춘기 끝 무렵에 완성되고, 전두엽은 평균 27세에나 완성되지요. 그래서 감정과 이성이 완성되어 균형을 이루는 데 오랜 시간이 걸리는 것이랍니다.

변연계는 영유아기에 본격적인 발달을 시작하여 사춘기까지 내내 발달 과정을 거친답니다. 그래서 아이들이 이랬다저랬다 하고, 예민하게 감정을 표출하고, 말과 행동이 다른 모습을 보이는 것이지요. 감정을 이성적으로 표현할 줄 모르기 때문에 소리를 지르고 뒹구는 등 단순하고 본능적인 방법으로 표출하기도 하고요.

전두엽은 두 단계에 걸쳐 발달되는데, 완성까지 아주 긴 시간이 필요합니다. 아동기부터 발달을 시작하여 11세 정도에 임시로 완성이 되지요. 말 그대로 임시 완성이다 보니 어른만큼 이성적이고 복합적인 사고를 하기에는 부족한 상태입니다. 아주 기본적인 수준의 사고 판단이 가능할 뿐이지요.

사춘기에 들어서면서 전두엽은 다시 한 번 성장하기 시작합니다. 전두엽의 발달 속도는 성별에 따라 다른데요, 평균적으로 남자는 30세, 여자는 25세에 최종적으로 완성된대요. 여자가 남자보다 일찍 철이 든다고 하는 것도 알고 보니 꽤 과학적인 말이죠?

아이들은 아직 미완성

자, 이제 여러분은 이성의 뇌이자 인간의 뇌인 전두엽이 아주 늦게 완성된다는 사실을 아셨을 거예요. 그럼 다시 공감의 이야기로 돌아가 볼까요? 앞서 배운 사실에 근거해서 생각해보면 아이는 아직 전두엽이 완성되지 않은 존재에요. 감정이 이성보다 앞서는 불균형의 상태라는 것이죠. 조금 짓궂게 이야기하자면 이 시기 아이들은 인간보다는 동물에 더 가깝다고 할 수 있어요.

아직 이성이 발달하지 못한 아이는 엄마의 훈계와 야단을 감성적으로 받아들일 수밖에 없습니다. 혼이 나면 반성하기보다 감정부터 상하게 되고, 엄마에 대한 감정도 나빠지죠. 어른 입장에서 당연한 말도 아이 입장에서는 이해가 되지 않을 수 있어요.

"누나가 동생에게 양보해야지."

"선생님 말씀을 잘 들어야지."

"물건을 빼앗으면 안 되지."

"방을 깨끗이 치워야지."

앞서도 이야기했듯 아이들은 전두엽이 발달되지 않아 이런 말들을 이성적으로 바로 받아들이지 못해요. 변연계만 발달했기 때문에 엄마의 감정만을 인식하고 '왜 화를 내는 거야? 나도 기분 나빠!'라고 속상해하고, 도리어 씩씩대며 분해하죠.

어린아이만 그런 게 아니에요. 전두엽은 성인이 된 후에도 발달하기 때문에 웬만큼 큰 청소년도 아이들과 마찬가지로 변연계만 완성되어 있답니다. 몸은 어른만큼 컸고, 나이도 먹었으니 이제는 철이 들었겠지 싶어 아무리 이성을 앞세워 혼을 내도 소용없습니다. 뇌가 덜 성장한 아이는 감정적으로 반응할 수밖에 없어요. 그러므로 아이가 성인이 될 때까지 일방적인 야단보다는 공감을 앞세운 감정 코칭을 해야 합니다.

공감은
사랑입니다

공감은 곧 사랑이에요. 공감이란 나의 판단이나 의견을 제쳐두고 상대를 위해 나의 마음과 공간을 내어주고, 상대를 섣불리 판단하지 않고 일단 긍정하고 받아들이는 것이지요. 나보다 상대를 위하고, 상대를 있는 그대로 받아들이는 것이 사랑이니, 둘은 꼭 닮았지요? 그래서 공감은 사랑만큼 대단한 힘을 가지고 있답니다. 나중에도 공감의 중요성과 필요성에 대해 말하겠지만, 공감은 아이와의 관계를 가깝게 해주고 아이의 마음을 치유해주는 놀라운 힘을 가졌답니다. 공감은 내가 너를 사랑하고 지지한다는 마음의 표현이니까요. 그러므로 아이를 키울 때 엄마는 반드시 공감의 힘을 알아야 하고, 공감을 바탕으로 아이와 소통해야 하는 것이지요. 사랑을 바탕으로 아이를 양육하고, 사랑의 힘이 아이를 변화하게 해주는 것처럼요.

공감에 대한 미담으로 마무리할까 합니다. 최근 크게 화제가 된 이야기니, 들어보신 분들도 있을 거예요. 할머니 대신 손수레를 끌던 손자가 실수로 길가에 주차된 고급 외제차에 흠집을 냈습니다. 할머니도, 손자도 어찌할 바를 몰라 발만 동동 구르기를 10여 분. 연락을 받은 차의 주인 부부가 헐레벌떡 달려왔습니다.

어떤 일이 벌어졌을까요? 할머니에게 큰소리로 화를 냈을까요? 도리어 허리를 굽히며 사과했다고 해요.

"골목에 차를 주차해 통행에 불편을 드려서 정말 죄송합니다. 놀라지는 않으셨어요?"

부인은 놀라 울고 있던 손자를 다독였다고 합니다. 내가 더 많이

가졌으니 잘났다고 뻗대거나 값비싼 차의 수리비를 걱정하는 것이 아니라, 놀라고 겁먹은 할머니와 손자의 심정에 먼저 공감하였지요. 아름다운 이야기지요? 이 이야기는 각박한 우리 사회에 따뜻하고 잔잔한 파문을 일으켰어요. 이 감동적인 이야기가 인터넷을 통해 퍼지면서 그 차를 제작한 회사에서는 수리비를 전액 지원하겠다고 나섰습니다. 공감의 힘이 많은 사람을 움직이게 했어요. 이 부부에게 공감할 줄 아는 마음이 없었다면 타인을 결코 배려하지 못했을 겁니다. 배려하지 않았다면 부부는 차에 생긴 흠집으로 속상하고, 할머니와 손자는 넉넉지 않은 형편에 수리비를 물어야 하니 곤란했겠지요. 작은 공감이 모두를 더 행복하게 만든 것입니다.

　사회란 어떤 곳일까요? 모든 사람이 유기적으로 연결되어 살고 있는 곳이지요. 그 어떤 사람도 혼자서는 살지 못해요. 친구나 가족뿐만 아니라, 누구든 온전히 생활하려면 타인이 반드시 있어야 하지요. 옷을 만드는 사람, 벼를 재배하는 사람, 전자기기를 만드는 사람 등 직접 마주치지 않더라도 우리의 삶에는 많은 사람이 필요합니다. 더불어 사는 사회란 바로 이런 것이지요. 모두가 함께 사는 우리 사회에서 무엇보다 필요한 것은 바로 이 공감의 힘이 아닐까요?

마법 같은
마음의 힘!
아브라카다브라!

만화영화 속 마법사가 마법을 부릴 때, 근엄한 목소리로 멋지게 주문을 외웁니다. 아브라카다브라(Abracadabra)! '아브라카다브라'의 어원에는 여러 가지 가설이 있지만, 가장 유명한 것은 히브리어의 '생각대로 될지어다'라는 설이지요. 마법사도 생각대로 되길 바라며 외친다는 거예요. 아브라카다브라! 아브라카다브라!

뇌에도 '아브라카다브라!'의 기능이 있어요. 여러분도 한 번쯤 들어봤을 피그말리온 효과, 플라시보 효과가 바로 뇌의 아브라카다브라랍니다.

피그말리온 효과와
플라시보 효과

피그말리온 효과(Pygmalion effect)는 심리학 용어이고, 플라시보 효과(placebo effect)는 주로 의학에서 사용하는 용어랍니다. 그리스신화에 등장하는 조각가 피그말리온에서 유래되었죠. 피그말리온은 세상 누구보다 아름다운 여인을 조각하였고, 결국에는 여인상이 너무나 아름다운 나머지 사랑에 빠지고 말았어요. 그는 매일 눈물을 흘리며 그 여인상이 사람이 되길 빌었답니다. 사랑의 여신 아프로디테는 피그말리온의 사랑과 진심에 감동해 여인상을 사람으로 만들어주었고, 피그말리온은 자신이 만든 아름다운 여인과 사랑을 나누며 살 수 있었지요. 이처럼 타인의 기대나 관심으로 인하여 능률이 오르거나 결과가 좋아지는 현상을 피그말리온 효과라고 부릅니다. 피그말리온 효과는 주로 교육학에서 사용되는 용어이므로, 나중에 학습에서의 피그말리온 효과를 다룰 때 더 자세히 이야기할게요.

  이번에 깊이 알아볼 것은 바로 플라시보 효과랍니다. 플라시보 효과는 가짜 약을 진짜 약으로 속이고 환자에게 투약하였을 때, 환자의 상태가 실제로 호전되는 현상을 말하지요. 가짜 약 효과라는 뜻에서 위약 효과라고도 해요. 생리적으로 효과가 없는 약인데도 믿는 것만으로 어떻게 정말로 병이 낫게 되는 걸까요?

  실제로 플라시보 효과를 입증하는 연구는 수도 없이 이루어졌답니다. 한 정형외과에서 여섯 명의 환자에게 비타민C를 주사하면서 '진통제 놔드릴게요. 새로 개발된 신약이라 아주 효과가 좋답니다'라고 말했어요. 결과는 어떻게 되었을까요? 여섯 명의 환자 중 네 명이 효과가 있다고 말했고, 두 명은 효과가 없다고 말했답니다. 아, 두 명은 어떻게 된 거냐고요? 아니 글쎄, 효과가 없었던 두 명은 실험이 연기되는 과정에서 실험에 대한 이야기를 들어버렸다지 뭐예요? 이 실험 뒤로, 정형외과처럼 진통제를 자주 사용하는 병원에서는 약에 대한 내성을 줄이기 위해 이런 플라시보 효과를 이용한다고 합니다.

암도 완치시켰던 플라시보 효과

플라시보 효과는 통증을 줄이는 정도에 그치지 않고 깊은 병을 낫게도 한답니다. 이와 관련된 아주 놀라운 사례가 하나 있어요. 라이트라는 남성 환자가 있었습니다. 림프 절에 암을 앓고 있었던 그는 상태가 몹시 심각했어요. 목이며 겨드랑이, 가슴, 사타구니까지 종양이 불거져 있었고, 매일 2리터의 복수를 뽑아내야 했어요. 말기 암으로 고생하던 그는 병원에서 수명이 얼마 남지 않았다는 절망적인 선고를 받았습니다. 절망 속에서 한 줄기의 희망을 간절히 기다리던 나날들 끝에, 암에 특효약인 크레비오젠(krebiozen)이 발견되었다는 소식을 우연히 들었지요.

한 달음에 병원에 달려간 라이트는 제발 크레비오젠을 주사해달라고 의사에게 사정했고, 그 약은 최소한 3개월은 살 수 있는 환자에게만 효능이 있다고 하여 의사는 별 기대 없이 그에게 크레비오젠을 주사했어요. 그날은 금요일이었고, 의사는 주사를 놓으면서도 라이트가 주말 안에 사망할 것이라고 생각했어요. 그 정도로 상태는 심각했지요. 그러나 다음 주 월요일, 불과 3일 만에 그는 놀라운 속도로 건강을 회복했어요. 주먹보다 훨씬 컸던 종양은 절반으로 줄어들었지요. 그리고 라이트는 금세 완치 판정을 받고 건강하게 퇴원했답니다. 정말 놀라운 이야기 아닌가요?

퇴원 후에도 건강한 삶을 이어가던 라이트는 불행하게도 어느 날 신문에서 크레비오젠은 림프절 암에 효능이 없다는 기사를 보고 말았어요. 완치되었던 암이 재발했고, 결국 다시 입원을 하게 되었습니다. 이 과정을 지켜본 의사는 라이트에게 한 가지 실험을 해보기로 마음먹었습니다. 라이트에게 '그때 주사한 크레비오젠은 실수로 인해 죄송하게도 변질된 상태였습니다. 그래서 효과가 없었던 거지요. 이번에 두 배로 농축되어 효과가 강한 크레비오젠이 개발되었어요. 이 약은 틀림없이 라이트 씨의 병을 치료해줄 겁니다'라고 설명하며, 증류수를 주사했어요.

그냥 맹물이 투약된 라이트는 어떻게 되었을까요? 놀랍게도 또 암이 완치되었답니다. 종양이 모두 사라지고 복수도 차지 않았지요. 그리고 두 달을 더 건강하게 살았습니다. 그런데 어느 날, 미국 의사협회에서 크레비오젠은 암 치료에 그 어떤 효과도 없다는 발표를 했어요. 라이트는 그 소식을 듣고, 또다시 암이 재발했어요. 그리고 불과 이틀 후에 사망하고 말았습니다.

거짓말이 아닐까 싶을 정도로, 정말 신기하고 놀랍지 않나요? 이처럼 마음은 몸의 병을 치료할 수 있는 힘을 가지고 있답니다. 믿기 어렵지요? 사실 처음에 많은 사람이 마음이 몸의 병을 치료한다는 말을 믿지 않았어요. 과학으로 설명되기 어려운 초자연현상이라고 생각했지요. 그러나 연구가 진행되면서 많은 학자들이 플라시보 효과의 생물학적 메커니즘을 발견하게 되었습니다. 마음이 몸을 변화시키는 과정을 알아낸 것이지요.

마음먹기에 따라 바뀌는 우리의 뇌

플라시보 효과의 메커니즘을 설명하는 이론은 총 세 가지로 구분할 수 있습니다. 그중 가장 많이 연구된 이론은 기대 효과입니다. 사람이 어떤 믿음을 가지고 기대하는 것만으로도 효과가 발생한다는 내용이지요. 굳게 믿거나 기대를 하면 뇌가 몸이 치료되었다고 착각하고, 뇌가 몸에 주는 신호도 변해서 실제로 신체에 변화를 준다고 합니다.

두 번째로 조건 반사가 있습니다. 병원에 가서 주사를 맞거나 받아온 약을 먹으면 증상이 완화되는 것을 경험한 몸은, 주사나 약이 몸을 낫게 해주는 신호라고 받아들입니다. 그래서 비타민 주사나 영양제를 투여하고도 '앗, 몸이 낫는 신호다!'라고 받아들여 실제로 증상이 완화된다는 이론이지요.

세 번째로 주사를 맞거나 약을 먹으면 나을 것이라는 안도감이 병을 낫게 한다는 설입니다. 실제로 병원을 가면 당장 증상이 완화되지 않더라도 집에서 혼자 앓는 것보다는 훨씬 안심되지 않나요?

치료를 시도하는 행위로 사람은 심리적으로 스트레스를 해소하고 안정되기 때문에, 실제 증상에도 차도가 보인다는 거죠. 스트레스는 만병의 근원이므로, 스트레스만 해소되어도 병이 낫는 경우가 꽤 많으니까요. 그럴듯하지 않나요?

이처럼 플라시보 효과는 무시할 수 없는 과학적 사실이랍니다. 뇌는 생각보다 순종적이기 때문에 마음먹기에 따라 얼마든지 그 상태를 바꿀 수 있고, 변화한 뇌가 몸에 좋은 영향을 주지요.

플라시보 효과는 질병뿐만 아니라 다른 부분에서도 적극적으로 활용할 수 있어요. 행복해질 것이라는 기대를 가지고 있으면 점점 행복해지고, 잘 할 수 있을 것이라고 믿으면 정말로 잘 해낼 수 있게 됩니다. 흔히들 하는 말처럼 생각대로 되는 거죠. 오, 놀라워라!

그러므로 긍정적인 마음과 믿음은 삶의 행복을 위해 반드시 필요하다고 볼 수 있습니다. 그리고 이제부터 시작될 감정코칭에도 반드시 필요합니다. 내가 아이를 행복하게 해줄 수 있을까? 내가 아이를 정말 이해할 수 있을까? 내가 아이와 건강한 소통을 나눌 수 있을까? 아이가 정말 변화할 수 있을까? 많이 두렵고 불안하지요. 그럴수록 강한 믿음을 가지고 시작해봅시다. 나는 아이를 반드시 행복하게 해줄 수 있는 사람이며, 아이를 가슴 깊이 이해하는 누구보다 멋진 엄마가 될 수 있다고 말이에요. 그리고 함께 외쳐 봐요.

마음먹은 대로 될지어다, 아브라카다브라!

엄마를
위한
마음 만지기

아이에게 영향을 미치는
내 안의
상처 다루는 법

한 초등학교 담임선생님이 오토바이에 치이는 사고를 당했습니다. 큰 사고는 아니었지만 사고로 인해 오른쪽 검지의 인대가 끊어져 손가락을 구부릴 수 없게 되었어요.

그런데 선생님은 어느 날 이상한 현상을 발견합니다. 급식소에서 학생들과 함께 밥을 먹는데, 남자아이들 모두가 오른쪽 검지를 굽히지 않고 일자로 쫙 편 채 수저질을 하는 게 아니겠어요? 남자아이들은 그런 우스꽝스러운 모습으로 밥을 먹었고, 그 모습을 본 선생님은 '아이들이 왜 이러지? 요즘 유행인가?' 하고 이상하게 여겼답니다.

그날 저녁, 선생님은 아이들의 일기를 검사하다가 깜짝 놀랐어요. 학생 중 하나인 재홍이의 일기에 놀라운 이야기가 적혀있었기 때문이지요.

'드디어 선생님을 닮을 수 있는 것을 발견해냈다. 선생님은 밥을 드실 때 꼭 둘째손가락을 쭉 뻗어서 숟가락을 쥐신다. 나도 해보았더니 잘 되었다. 친구들에게 자랑했더니 모두들 둘째손가락을 뻗어 숟가락 쥐는 연습을 했다. 너도나도 잘 된다며 좋아했다.'

선생님은 바로 다음 날 아이들을 불러 수저를 바르게 쥐도록 지도하였습니다. 장애가 부끄러운 것은 아니지만, 따라하는 것도 안 될 일이잖아요. 아이들은 곧바로 숟가락과 젓가락을 바르게 쥐고 식사를 하게 되었지만 많이 아쉬워했답니다. 조금 이상한 모습이어도, 아이들은 좋아하는 선생님을 닮고 싶었던 것이지요.

아이들은 부모처럼
되고 싶어 한다

이처럼 아이들은 좋아하는 사람, 자신에게 영향을 주는 사람을 닮고 싶어 합니다. 우리 엄마들도 아이를 키우면서 이야기 속 선생님처럼 깜짝깜짝 놀랄 때가 있지요? 누가 알려준 것도 아닌데 똑같은 상황에서 엄마와 똑같은 표정을 짓거나, 아빠와 똑같은 자세로 잠을 자는 아이를 보면 '어쩜 저렇게 빼다 박았을까!' 싶어 그저 놀랍고 신기하죠. 가끔 길쭉한 과자를 들고 아빠가 담배 피우는 모습을 따라하며 뻐끔거리는 아이의 모습을 보고 아연실색하기도 하고요. 아이는 어쩜 그렇게 엄마, 아빠와 비슷하게 행동할까요? 아이에게 제일 먼저, 또 가장 큰 영향을 주는 사람이 바로 부모이기 때문입니다. 아이는 부모의 뒷모습, 부모는 아이의 거울이라는 말이 새삼 실감납니다.

아이를 키우기 전에 가장 먼저 점검해봐야 할 것은 바로 나 자신입니다. 아이는 어쩔 수 없이 부모를 닮아갑니다. 그리고 닮아가는 것 외에도 사고방식과 행동에 지대한 영향을 받지요. 그래서 한 아이의 엄마가 되기 전에, 나라는 사람을 먼저 자세히 들여다보고 돌봐주어야 해요. 어머니는 분명 세상에서 가장 강한 사람이지만, 우리도 완벽하지만은 않은 한 명의 사람이니까요. 나 자신도 불완전한 인간이기에 실수를 하고 때론 넘어지기도 합니다. 그러나 내 실수 때문에 아이까지 상처 받을 수도 있어요.

누구나 살면서 상처를 받고, 실패를 하고, 슬픈 일을 겪습니다. 부모에게서 상처를 받기도 하고, 친구나 남편에게서 상처를 받기도 하고, 직장에서 상처를 받기도 해요. 부정적인 감정과 기억을 제때 치료해주지 않으면, 우리 안에 조금씩 앙금이 쌓이기 마련이지요. 그렇게 오랜 기간에 걸쳐 우리 안에 쌓인 감정의 찌꺼기가 아이에게 영향을 미칠 수도 있다는 사실, 생각해보셨나요?

내 감정은 나만의 것이 아니다

나의 문제와 감정은 결코 나만의 것이 아닙니

다. 내 안에 숨어있던 분노와 슬픔, 억울함이 언제든 그 모습을 드러내고 아이를 공격할 수 있어요. 그렇기 때문에 우리는 아이를 만나기 전에 먼저 내 안의 상처를 돌보고 치료해야 합니다. 거울을 보며 내가 언제 슬펐는지, 언제 기분이 좋았는지, 언제 섭섭했는지, 언제 우울했는지 등을 떠올려보세요. 그리고 그때 어떤 일이 있었고, 내가 어떻게 사건과 감정의 처리를 했는지 살펴보세요. 내가 먼저 상처를 치료하여 바다처럼 깨끗한 엄마가 되어야 아이의 상처에 새살이 돋도록 도울 수 있으니까요.

 어린 시절, 우리는 누구나 부모님에게서 상처를 받았던 적이 있을 거예요. 잔뜩 화가 난 어머니가 무심코 던진 한 마디 말이 마음에 깊은 상처로 남아 삶에 영향을 주거나, 오랫동안 잊지 못해 아파했던 경험도 있을 겁니다. 무서운 사실은 이러한 경험이 치유되지 않으면 나 역시 언제든 아이에게 그런 말과 행동을 할 수 있다는 거예요.

 폭력이 폭력을 낳는다고 하지요. 학대 받은 경험이 있는 아이가 성장해 자기 아이를 학대하는 부모가 될 확률이 높다는 통계, 이미 들어보셨을 거예요. 혹시, 가정폭력이나 아동학대라는 거창한 단어 앞에서만 이러한 이야기가 적용되며, 그런 일들은 나와 상관없는 문제라고 생각하시나요? 그렇다면 그건 틀린 답이에요. 절대 그렇지 않아요. 엄마의 사소한 잔소리나 말버릇이 아이에게는 폭력이고 학대가 될 수 있어요. 또한 그로 인한 상처 역시 결코 작지 않답니다.

엄마가 우울증이 있으면 아이도 우울증을 앓을 확률이 높아집니다. 이는 유전에 의한 영향도 존재하지만, 상당수는 가정환경에서 비롯됩니다. 엄마의 양육태도가 아이의 사회적응능력에 큰 영향을 주기 때문인데요. 정신적으로 안정되지 않아 행동과 태도에 일관성이 없는 엄마는 아이를 불안하게 만들 뿐만 아니라 엄마 외의 타인을 대하기도 어렵도록 만들지요. 심지어는 아이가 감정조차 없는 사람으로 성장합니다. 또, 완벽을 지나치게 추구하고 늘 지시하는 태도를 가진 엄마 아래서 자란 아이는 지시와 추궁을 받기 때문에 무기력한 아이로 자랍니다. 엄마 안에 감정의 찌꺼기가 남아있으면 자기도 모르게 아이를 화풀이 대상으로 여깁니다. 엄마도 사람이니 감정을 해소해야 하기 때문이죠. 이럴 때 생각 없이 뱉은 한 마디가 아이의 마음을 닫히게 만들 수 있어요.

혹시 아이한테 너무 쉽게 상처를 준 적은 없었는지 한 번 돌아보세요. 어릴 때 그토록 싫어했던 옆집 아이와의 비교, 무신경한 잔소리, 놀리는 듯한 장난스러운 조롱을 바로 내 아이에게 그대로 한 적은 없었는지. 혹은 학창 시절 너무나 싫어했던 친구와 똑같은 행동을 내 아이가 하고 있을 때, 나도 모르게 과거의 감정이 울컥 올라와 신경질적으로 반응하고 아이를 밀어낸 적은 없었는지. 이 모든 것이 엄마가 감정의 찌꺼기를 해결하지 못하여 아이를 화풀이 대상으로 여겼기 때문에 벌어지는 일이에요.

감정의 찌꺼기가
남지 않도록

감정의 찌꺼기가 남은 상태는 흙탕물 같아요. 내 안의 문제를 해결하지 못하고 상처를 충분히 치료하지 않으면 부정적인 감정이나 상처가 흙처럼 밑바닥에 가라앉아있는데요, 아이의 어떤 행동이 흙탕물을 휘젓는 촉매가 되어 마음을 마구 휘저어버린답니다. 그래서 아이에게 화풀이하는 거예요. 아이를 잘 키우고 감정코칭을 바르게 해주기 위해서는 엄마가 바다처럼 깨끗한 마음을 가지고 있어야 합니다.

어린 아이는 빈 그릇 같은 존재입니다. 부모가 하는 아주 작은 말과 행동까지도 모두 흡수하고 그 안에 담아둡니다. '어쩌다 한 번인데 괜찮겠지' 하고 생각한 적 있으신가요? 인간의 뇌는 생존을 위해 부정적인 것을 더 잘 기억하도록 되어있어요. 위험한 것을 피하기 위해서죠. 그러나 이러한 뇌의 활동 구조는 아이러니하게도 수많은 칭찬과 격려보다 하나의 아픈 말을 아주 오랫동안 기억하는 이유가 되기도 합니다. 자신의 상처를 아이에게 대물림하지 마세요. 좋은 것만 주어도 부족한데, 내 안의 부정적인 것들을 아이의 마음에 채우지 마세요.

아이에게 무의식중에 상처를 주지 않으려면 내 마음부터 먼저 돌아보아야 합니다. 살면서 받아온 상처와 트라우마(Trauma)를 아이에게 그대로 물려준다는 건 정말이지 무섭잖아요. 지금이라도 스스로를 뒤돌아보세요. 그리고 '그동안 잘 살아왔어, 참 대견하다'하고 나 자신부터 안아주세요. 아이를 진정으로 사랑하는 엄마가 되려면 먼저 나 자신을 사랑하는 엄마가 되어야 합니다. 스스로를 사랑할 줄 모르고 돌볼 줄 모르는 사람은 대상이 내 아이라 하더라도 진짜 사랑을 주고 보살필 수 없는 법이니까요.

아이를 낳기 전에 가장 먼저, 혹시 만약 아이가 있다면 지금 당장이라도, 내 마음의 상처를 들여다보고 반드시 그 상처를 돌보고 치료해야 한다는 것, 잊지 마세요. 그래야 내 아이의 마음을 들여다보고 만져줄 수 있답니다.

엄마의 말이
아이를
만든다

간혹 아이가 말을 안 들어 화날 때가 있지요? 그때 아이가 정말로 잘못해서 화가 나는 걸까요? 혹시 내 시간, 내 사정에 맞춰서 아이를 통제하려다가 그게 안 돼서 같은 말을 반복하고 화내는 건 아닐까요? 아이가 열심히 숙제하고 있을 때, '저녁 먹자' 하고 말했다가 아이가 안 나올 때 있지요? 그럴 때 어떻게 하나요?

"저녁 먹자니까? 얼른 나와서 손 씻어."
"엄마 말 안 들려? 얼른 나오라니까? 저녁 밥 다 식는다!"
"어쭈, 계속 안 나온다 이거지? 좋아. 셋 셀 동안 나와."
"하나. 둘. 둘 반. 둘 반의 반."
"엄마 말 안 들려?"
"당장 나오지 못해? 도대체 뭘 한다고 엄마 말을 안 듣는 거야?"
"엄마가 하라면 해야지!"

어딘지 익숙한 진행이죠? 처음엔 부드럽게 얘기하다가, 점점 목소리도 커지고 짜증을 내거나 윽박지르게 되는 일이 아이를 키우다 보면 생기기 마련입니다. 그런데 이런 방법은 아이를 다룰 때 큰 효과를 거두기가 어려워요. 아이는 엄마가 나를 위해서가 아니라 엄마 자신을 위해서 화를 내고 짜증낸다는 사실을 알기 때문에 엄마의 말을 잘 들으려고 하지 않지요. 그리고 이런 일이 지속되면 관계가 틀어지고 말아요. 위협이나 협박, 명령조의 말들이 아이 마음의 문을 닫게 하는 거지요.

사소한 말까지
꼼꼼하게

엄마의 언어습관은 아이에게 지대한 영향을 미쳐요. 언어는 개념이에요. 그리고 개념은 사고이므로, 당연히 아이의 사고에 영향을 미치지요. 아이의 생각하는 힘을 키우려면 엄마의 어휘력과 어법부터 점검해야 해요. 엄마의 언어습관부터 고쳐야 한다고 하면 대부분의 엄마들은 단순히 '욕이나 폭언만 조심하면 되지 않을까?' 하고 생각하는데, 절대 그렇지 않답니다. 욕이나 폭언을 조심해야 하는 건 아주 당연하고, 최우선적인 일이에요. 그러한 말들은 아이의 영혼을 갉아먹고, 이것이 반복되면 아이의 마음은 결국 닳고 해어지기 마련이거든요. 그러나 이것 말고도 엄마가 눈치채지 못할 만큼 사소한 말들이 아이에게 나쁜 영향을 줍니다. 그러므로 엄마는 스스로의 언어습관을 꼼꼼히 점검해야 하는 거지요.

나의 언어습관을 점검하기 위해 평소 아이에게 어떤 말을 하는지 한번 기록해보세요. 녹음을 해도 좋고, 그때그때 메모를 해도 좋아요. 가능한 자세하게 기록해서, 내가 어떤 말투와 어휘를 사용하는지, 어떤 방식으로 대화하고 이야기의 주제는 무엇인지 살펴보면 언어습관에 문제가 없는지 확인할 수 있습니다.

제일 먼저, 아이를 어떻게 부르고 있는지 점검해보세요. 혹시 아이의 이름 대신 야, 너, 이놈과 같은 호칭으로 아이를 부르지는 않나요? 이름은 아이의 정체성입니다. 엄마가 이름 대신 무시하는 호칭을 사용하면, 아이는 엄마가 자신을 무시한다고 생각해 자긍심이 떨어져요. 혹은 아이를 무시해서가 아니라, 아이에게 무섭게 보이거나 엄마의 권위를 내세워 말을 잘 듣게 하기 위해 '야!', '이놈!'이라고 부르는 엄마도 있는데요. 권력은 쓸수록 힘을 잃는다고 하지요. 엄마가 권력을 지나치게 자주, 그것도 잘못된 방법으로 이용하면 아이의 행동이 교정되기는커녕 엄마의 권위까지 잃고 맙니다. 엄마라는 힘에 지나치게 의존해서 아이를 누르면 아이는 본능적으로 '엄마는 지위가 없으면 아무 것도 못하는 사람'이라고 생각해요. 그래서 오히려 그 약점을 이용하려고 합니다. 말의 힘도, 엄마의 권위도 떨어지게 되지요. 그러면 어떻게 될까요? 집안의 질서와 체계가 무너질 수밖에 없겠지요. 오히려 아이를 존중하는 태도와 호칭이 아이로 하여금 더욱 긍정적인 변화를 이룰 수 있게 합니다.

아이가 싫어하는 별칭이나 놀리는 듯한 별명으로 부르는 것도 좋지 않아요. '아이고, 우리 못난이', '우리 돼지' 이런 말들 있잖아요. 엄마는 아이가 귀여워서 그렇게 부르는 것이겠지만, 아이는 '엄마가 나를 그렇게 생각하는구나' 혹은 '나는 그런 사람이구나' 하고 생각해 상처받고, 이러한 상처가 쌓여 정체성을 확립하는 데 부정적인 영향을 미치거든요.

아이를 부르는 호칭을 점검해보았다면, 다음으로는 말투를 한번 살펴보세요. 엄마들이 가장 흔하게 저지르는 실수 중 하나인데요, 아이에게 지시하거나 명령조의 말투를 쓰고 있지는 않나요?

'이거 해주면 안 될까?' 하는 부탁이 아니라 '이거 해!'라고 지시하거나, '밥 먹어!', '공부해!', '빨리 씻어!' 같은 명령을 한다거나요. 아이에게 일방적으로 지시하거나 명령조의 언어를 사용하면 당장 말은 잘 듣겠지만 반드시 부작용이 생깁니다.

아이는 자라면서 자신의 일을 주도적으로 결정하고 실행하려는 욕구를 가지게 되는데요. 예를 들면 엄마가 골라주는 옷을 거부하고, 어떤 옷을 입을지 스스로 결정하고 서투르더라도 혼자서 신발을 신겠다고 고집을 부리는 때가 오지요. 이는 주체적인 사람으로 성장하기 위해서 겪는 당연한 과정입니다. 그런데 엄마가 일일이 지시하고 명령하면 아이는 스스로 결정할 수 있는 권리를 빼앗깁니다. 이런 상황이 반복되면 아이가 박탈감과 수치심을 느끼는 것은 물론, 엄마와의 관계도 어긋나버려요. 무엇을 어떻게 해야 하는지 잘 알면서도 일부러 어깃장을 놓고 말을 들으려 하지 않죠. 엄마는 아이가 심술부린다고 생각해 더 화를 내며 억압하고 말지요. 끝없는 악순환이 시작되는 겁니다.

다른 아이와 비교하거나 아이를 부정하는 말을 사용하지 않는 것도 중요해요. 다른 아이와의 비교는 아이에게 가장 큰 스트레스가 됩니다. 엄마로서는 아이가 자극 받기를 기대하고 하는 말이지만, 아이는 '엄마에게 나는 너무 부족하구나'라고 느끼기 때문에 자존감이 떨어지게 되지요. 자존감이 떨어진 아이는 성장 후에도 정체성 확립과 인간관계 형성에 많은 장애를 겪습니다.

또한 아이를 부정하는 말은 가장 좋지 않은 언어습관입니다. '너는 도대체가 틀려먹었어', '너 때문에 못 살겠다, 정말!', '너 이러는 거 정말 지긋지긋해' 등 대수롭지 않게 던진 엄마의 부정적인 말 한마디가 아이에게는 굉장히 큰 상처로 남고, 더 나아가 자존감이 무너질 수도 있어요.

한번 생각해보세요. 아이에게 엄마는 삶을 유지시켜주는 절대적인 존재예요. 그런 엄마가 자신을 부정한다면 아이는 도대체 어떤 감정을 느낄까요? 그러니 되도록 아이를 있는 그대로 받아들이는 수용의 언어를 쓰도록 하세요. 부모에게 거부당한다고 느끼는 아이는 사회에서도, 타인과의 관계에서도 거부당할 것이라는 생각에 사로잡혀 가슴을 펴고 당당하게 살아갈 수 없답니다.

또, 같은 말을 하더라도 기분 나쁘게 말하지는 않는지 살펴보세요. '같은 말이라도 아 다르고 어 다르다'는 속담이 있지요? 똑같은 내용이라도 말하는 방법에 따라서 듣는 사람의 기분이 좋을 수도 나쁠 수도 있다는 것을 모두 아실 거예요. 아무리 옳은 말이라도 말하는 방법이 잘못되었다면 제대로 전달되지 않습니다.

예를 들어 몹시 바쁜 상황에서 칭얼대는 아이에게, '엄마 지금 바쁜 거 안 보여? 넌 꼭 바쁠 때마다 이러니?' 하고 야멸차게 말하는 경우가 있죠? 이럴 때 아이는 엄마가 바쁜 것을 이해하면서도 상처를 받게 됩니다. '엄마가 지금 엄청 바쁘거든. 미안한데 이따가 얘기할 수 있을까? 엄마가 하던 일 얼른 마무리하고 꼭 들어줄게'라고 부드럽게 동의를 구해보세요. 아이는 엄마의 상황을 충분히 이해하고 받아들이며, 이러한 상황에서는 참을 줄도 알아야 한다는 사실을 깨우치게 됩니다.

이외에도, '이게 다 너 잘 되라고 하는 말이야'라는 핑계로 심한 말을 하지는 않는지 살펴보세요. 아이를 위하는 마음에 하는 바른 소리라도 말하는 방식이 옳지 않다면 아이는 오히려 반발심을 갖게 되니까요. 아이가 일을 미뤄두어 곤란을 겪고 있을 때, 대부분의 엄마는 '그러게 진작 해두지 그랬니. 하여튼 넌 게으른 게 문제야. 사람이 부지런해야지'라고 쏘아붙이게 되지요. 그러면 아이는 그것이 옳은 말인 것을 알면서도 감정적으로 반발하게 됩니다. 입장을 바꿔놓고 생각해보아도 마찬가지 아닐까요? 안 그래도 난처한 상황인데 곱지 못한 말까지 들으면 세상의 어느 누가 '그래, 그렇지. 맞는 말이야' 하겠어요. 이럴 때, 엄마 입장에서는 조금 답답하더라도 부드러운 말투로 '진작 해두었다면 좋았을 텐데, 그렇지? 다음에는 꼭 미리 준비해서 이런 일이 없도록 하자'라는 표현을 써보면 어떨까요?

이와 비슷하게, 같은 말을 반복해서 하는 경우는 없는지도 생각해보세요. 아이를 혼내다 보면 했던 말을 하고 또 하는 경우가 생기지요. 엄마는 서로 다른 말이라고 생각하고 말하지만 아이가 듣기에는 다 같은 말일 때도 있고요. 같은 말을 반복하다 보면 말하는 상황에 빠져 화가 쌓이고 감정이 격해집니다. 한마디로 끝낼 수 있는 말을 여러 번 반복하니 자기 안의 화를 돋우게 되지요. 그러면 엄마는 끓어오르는 분노를 참지 못하고 아이에게 화풀이를 해요.

아이 처지에서는 엄마의 그런 분노가 부당하게 느껴져 반발심을 갖게 됩니다. 온당한 훈계가 아니라는 거죠. 한마디만 해도 아이는 알아듣습니다. 알아듣지 못한다면 그것은 말하는 방법에 문제가 있는 것이고요. 같은 말을 여러 번 반복한다고 해서 알아들을 수 있는 것이 아니라는 점을 명심하세요.

엄마의 어휘와
아이의 창의성

아이에게 하는 말뿐만 아니라 일상생활에서 사용하는 언어도 잘 살펴봐야 합니다. 엄마가 습관적으로 스스로를 깎아내리는 말을 하거나, 아빠에 대해 불평만 하지는 않는지, 친구들이나 다른 가족과 나누는 얘기들은 어떤지, 세상을 한탄하는 말만 늘어놓지는 않는지 말이에요. '아이구, 내 팔자야. 내 인생은 왜 이렇게 꼬였을까?', '당신은 왜 항상 그 모양이에요?' 등등. 아이를 향한 말이 아니더라도 항상 아이가 듣고 영향을 받을 수 있다는 사실을 잊지 마세요.

엄마가 쓰는 어휘의 양도 중요한 부분입니다. 적은 양의 단어를 반복적으로 쓰는 엄마가 있는가 하면, 다양한 어휘를 사용하는 엄마도 있지요. 엄마가 쓰는 어휘의 양은 아이의 창의성 발달과 관련이 있답니다. 엄마의 창의성이 곧 아이의 창의성이 되지요.

책을 많이 읽지 않고, 관심을 두는 분야가 없는 엄마라면 일상적인 단어만 반복적으로 쓰게 되고, 아이 역시 창의성이 떨어지고 상상력에 한계가 옵니다. 반대로 엄마의 어휘가 풍부하고 적재적소에 알맞은 단어를 구사한다면 아이의 창의성과 상상력도 풍부해지죠. 이를 통해 바람직한 언어습관과 풍성한 언어감각을 소유한 아이로 자라나는 것입니다.

그리고 마지막으로, 아이와 어떤 이야기를 나눌지도 고민해보셔야 합니다. 아이랑 대화하기 참 어렵지요? 너무 엉뚱해서 알아듣기 어려운 말을 꺼내기도 하고, 시답잖은 이야기를 종일 늘어놓기도 하고요. 관심사가 다르니 아이의 이야기를 쉽게 이해하거나 오랜 시간 집중해서 듣기도 어렵지요. 그래서 대부분의 엄마는 아이가 먼저 꺼내는 이야기들을 '응, 그래그래' 하고 건성으로 흘려듣는 경우가 많아요. 엄마 나름대로는 아이의 말을 잘 들어주었다고 생각하지만, 아이는 엄마가 내 말을 건성으로 들었다고 분명하게 느낀답니다. 이때 아이는 무시당한다는 느낌을 받고 자신감이 사라집니다. 아이가 수다를 떨 때는 그냥 흘려듣지 마시고, 아이의 이야기에 적절한 추임새를 넣어주면서 아이의 기분을 북돋아주세요. 그러면서 말의 순서라든가 조리 있게 표현하는 방법 등을 알려주면 아이는 말하기 전에 생각을 먼저 하게 될 거예요.

아이에게 어떤 이야기를 먼저 건네는지도 생각해보세요. 혹시 공부와 관련한 이야기만 하고 있지는 않나요? '너 공부는 했어?', '숙제는 하고 노는 거니?', '학교(또는 학원)에서 배운 거 얘기해 봐' 이런 식이지요. 그러면 아이도 엄마와의 대화를 기피하게 됩니다.

이외에도 아이가 학원이나 학교, 체험활동을 통해 다양한 것을 배워오는데 엄마가 아는 것이 없으면 폭넓은 대화가 이루어지지 않죠. 아이의 몸 상태나 마음 상태에도 끊임없이 관심을 기울여 터놓고 얘기할 수 있어야 합니다. 또, 엄마가 먼저 다양한 주제를 가지고 대화를 시도하면 아이도 자연스럽게 호기심과 흥미를 가질 수 있습니다.

    그러므로 엄마는 책을 많이 읽고, 다양한 분야에 관심이 있어야 해요. 문학이나 인문학, 자연과학 등 여러 분야의 책을 두루 접해보세요. 어휘의 폭이 넓어지고 양도 늘어나서 아이와 나눌 수 있는 대화거리가 풍부해집니다. 또, 폭 넓은 취미를 가지거나 세상의 다양한 분야에 관심을 두려는 시도도 꾸준히 해야 합니다. 이러한 습관은 어휘의 양과 대화주제를 늘리는 것뿐만 아니라 아이의 독서 습관과 문화적 깊이와 감수성을 기르는 데도 큰 도움이 되니까요. 엄마가 누리는 문화적 삶의 질이 높아질수록 아이의 창의력과 상상력, 지적 호기심도 풍부해진다는 것을 꼭 기억하고, 오늘 엄마의 언어습관부터 점검해보세요.

내 아이는
누구의
것?

아이를 키우면서 가장 흔히 저지르는 실수 중 하나는, '아이는 내 것이다'라고 생각하는 것이에요. 내가 만들고 내 배에서 열 달을 보듬다 낳았으니, 무의식중에 아이는 나의 소유라고 생각하죠. 특히 우리나라 부모들은 아이를 소유물로 생각하는 경향이 유독 심해요. 전통적으로 여성이 자아실현을 할 기회는 주어지지 않았고, 그저 집에서 살림하고 아이를 키우는 존재로만 살다보니 아이의 출세가 곧 엄마의 출세라는 인식이 자리 잡게 되었죠. 아이가 공부를 잘하고 평판이 좋으면 엄마의 어깨에 힘이 들어가고, 엄마들 사이에서도 입김이 세지는 그런 거 있잖아요. 또 이루지 못한 꿈에 미련도 있고. 그러다보니 아이의 인생을 자신의 인생과 동일시합니다. 그리고 자신이 대리만족하기 위해 아이에게 공부와 성공을 강요하고, 삶을 통째로 휘두르려고 하죠. 이런 과정에서 소위 말하는 '극성 엄마'가 탄생합니다. 정말이지 아이에게나, 엄마에게나 불행한 일이에요.

아이와 나를
분리하기

아이와 나의 삶을 분리해서 생각하지 못하면, 자신도 모르는 사이 아이에게 집착하고 말아요. 일거수일투족을 다 간섭하는 거죠. 밥 먹는 법, 공부 방식, 사소한 습관부터 시작해 대학이나 전공, 진로희망에도 간섭하고 심지어 연애나 결혼 문제에도 참견하게 됩니다. 물론 내 아이가 잘 되었으면 하는 마음에서 나오는 행동들이지만, 과연 이런 간섭이 옳을까요? 아이의 미래에 정말로 도움이 되는 일일까요?

사실 엄마의 생각대로 커주는 아이는 없어요. 오히려 생각대로 되지 않는 부분이 더 많고, 마음에 들지 않는 부분까지 생기게 마련이죠. 하지만 그게 당연한 일이랍니다. 어떤 아이도 엄마의 의지대로 자라고, 엄마의 마음에 드는 행동만 할 수는 없어요. 아이도 나름의 생각을 가진 한 명의 사람이고, 자신만의 개성을 가진 독립된 존재니까요. 아이는 조종할 수 있는 로봇이 아니라 나와 다른, 새로운 인격체라는 사실을 엄마가 반드시 인지해야 합니다.

때로는 아이가 내 마음을 몰라줘서 섭섭하고, 잘못된 행동을 하는 것 같아 속상하지요. 내 피를 물려받은 아이가 어쩌면 이렇게 나와 다른지, 왜 그렇게 내 마음을 몰라주는지 안타깝지요? 그렇지만 엄마는 아이의 그 모습을 그대로 받아들이고 사랑할 준비가 되어있어야 해요.

내 피와 숨으로 생명을 불어넣었지만, 그것이 아이의 인생에 간섭할 권리가 될 수는 없으니까요. 아이는 성장하며 자신만의 길을 걸어갈 것이고, 또 그래야 합니다. 그 누구도, 하물며 엄마조차도 아이의 인생을 대신 살아줄 수 없으니까요. 아이가 스스로 선택하고 결정할 수 있도록 엄마는 그저 지켜봐주어야 합니다. 아이가 걸어야 할 길을 미리 만들고 무턱대고 그 길로 끌어가려고 하는 것은 잘못된 방식이에요.

2013년 부산에서 있었던 고등학생의 자살 사건을 기억하시는 분 있으신가요? 전교 1, 2등을 놓쳐본 적이 없었던 이 아이가 스스로 목숨을 끊은 이유는 안타깝게도 학업으로 인한 극심한 스트레스였습니다. 부모님의 요구에 못 이겨 끊임없이 공부하기는 했지만, 스스로 원하는 삶의 방식은 아니었던 거예요. 이후로도 수많은 젊은 청춘들이 같은 이유로 생을 마감하며 우리 사회의 반성을 촉구하는 계기가 되었지요. 요즘은 심지어 초등학생들까지 학업 스트레스로 자살하여 많은 충격을 안겨줍니다. 꽃 같은 아이들이 안타까운 선택을 할 수밖에 없었던 이유는 무엇일까요?

표면적인 이유는 성적과 학업이지만, 그 이면에는 자식을 소유물로 생각하고, 내가 원하는 대로 이끌어 가려는 부모님이 있습니다. 아이의 생각과 꿈은 뒷전이고, 그저 더 좋은 성적, 더 좋은 학교로 진학하기만을 요구하는 부모님의 태도가 아이를 극단적인 상황으로 몰아갔습니다. 이를 증명하듯 2012년 통계청에서 발표한 13~19살 청소년의 자살 충동 이유 중, '성적 및 진학 문제'가 가장 큰 39.2%를 차지하고 있습니다. 그 다음으로는 가정불화, 외로움과 고독이 잇따르고 있고요.

여러분의 아이는 어떤가요? 아이의 꿈이 무엇인지, 어떤 생각과 고민을 가지고 있는지 진지하게 대화해 본 적 있나요? 아이의 꿈을 지지하고, 후원해 준 적은요? '공부나 열심히 해. 공부만 잘하면 너 원하는 거 다 할 수 있어!'라고 채근한 경험이 더 많다면, 아이를 자신의 소유물로 생각하고 있을 확률이 크답니다. 과연 이러한 환경 속에서 자라는 아이가 행복할까요? 행복하지 않은 아이를 바라보는 엄마의 심정은 또 어떨까요?

아이는 독립된 인격체

다시 한 번 돌이켜 보세요. 아이를 독립된 인격이 아니라 소유물로 생각한 적은 없었는지, 내가 바라는 인생에 아이를 맞추려고 하지는 않았는지. 그렇다면 이제라도 그 마음을 버리셔야 해요. 아이는 나와 전혀 다른 타인입니다. 그저 인연이 닿아 가족으로, 부모와 자식이라는 이름으로 만났을 뿐이죠. 우리는 아이와의 만남에 감사하고, 부모로서 주어진 책임을 다하면 되는 것입니다.

'아이는 내 것이 아니라 아이 자신의 것'이라는 사실을 인지하고 인정하는 것이 바로 좋은 부모가 되기 위한 시작이랍니다. 그리고 '아이는 내가 만든 것이 아니라 선물처럼 내게 찾아온 존재'라는 것 또한 알아야 합니다.

아이는 내 노력으로 얻은 보상이 아니라 하늘이 내게 준 선물이자, 부모로서 올바른 인간으로 성장시켜야 할 책임의 대상입니다. 그리고 선물처럼 찾아온 아이를 통해 우리는 많은 것을 배웠어요. 그저 탈 없이 건강하게 자라주는 것만으로도 감사할 줄 알게 되었지요.

아이가 아팠을 때를 한 번 떠올려 보세요. 다른 건 다 필요 없으니 그저 어서 낫기만을 얼마나 간절히 빌었는지, 건강을 회복하고 나면 또 얼마나 감사한 마음이 들었는지. 우리는 아이의 존재만으로도 모든 일에 감사할 줄 아는 사람이 되었습니다.

그뿐인가요? 처음으로 엄마를 불렀을 때, 천진하게 웃을 때, 우리는 더할 나위 없는 기쁨을 느낄 수 있었잖아요. 크리스마스 선물을 받은 아이가 뛸 듯이 기뻐하는 모습, 엄마가 해준 간식이 제일 맛있다며 뺨에 음식을 묻혀가며 먹는 모습을 보는 것만으로도 가슴이 벅차도록 행복하고 기뻤습니다. 사랑스럽지만 때로는 밉기도 한 아이를 키우며 인내할 줄도 알게 되고요, 아무런 대가 없이도 기꺼이 수고할 줄 아는 나눔의 마음도 배웠습니다.

아이를 키우는 과정 속에서 진짜 사랑을 알게 되었지요. 사랑받기만 원했던 과거에서 벗어나 사랑을 주고자 하는 현재를 선물 받았어요. 아이를 통해 우리는 수많은 삶의 자산을 가질 수 있었어요. 삶의 소중한 이치를 깨달은 것만으로도 우리의 마음은 그 어떤 부자도 부럽지 않을 만큼 풍족해지지요. 참으로 큰 축복이고 삶의 소중한 선물이라는 생각이 들지 않나요?

아이로 인해 누리는
선물 같은 삶

자, 선물을 받으면 보통 어떻게 반응하나요? 내 마음이나 입맛에 맞는 선물이 아니라고 거절하나요? 그렇지 않지요. 선물을 받으면 감사하고 또 기뻐합니다. 아이 역시 그렇게 생각해야 해요. 아이가 내게 와준 것, 건강하게 세상에 나온 것만으로도 감사하고 기뻐하던 때가 있었어요. 그런데 내 마음처럼 자라주지 않는다고 그때의 고마운 마음을 잊어버리고 어느새 아이를 휘두르려고 하는 것이지요.

아이를 자신의 자랑거리로 삼을 생각을 해서는 안 됩니다. 아이를 내 맘대로 꾸미고 조종할 수 있는 아바타가 아니라 감사해야 할 선물로 여기세요. 앞서 이야기한 것처럼 우리는 이미 아이를 통해 아주 많은 것들을 받았어요. 절대 그 마음을 잊으시면 안 됩니다. 그래야 아이를 내 눈에 차게 키우려는 욕심을 버릴 수 있어요.

진정한 양육은 내가 만족할 수 있는 아이로 키우는 것이 아니라, 아이가 사회에 나가 제 역할을 하는 건강하고 올바른 사람이 될 수 있도록 부모의 책임을 다하는 것이에요. 단군 할아버지가 이 나라를 세울 때 말씀하신 홍익인간의 정신을 아이가 사회에서 펼칠 수 있도록, 엄마에게만 이로운 존재가 아니라 세상에 이로운 사람이 되도록 돕는 부모가 참된 부모가 아닐까요?

이와 관련하여 제가 꼭 추천하는 시가 있는데요. 레바논의 철학자이자 화가, 소설가면서 시인이었던 칼릴 지브란의 책 《예언자》에 실린 〈아이들에 대하여〉입니다. 유명한 책이기에 여러 번역판이 있지만 저는 그 중에서도 강은교 시인의 번역을 가장 좋아합니다. 시를 읽는 동안, 아이를 내 것으로 생각하지 않았는지, 아이의 존재가 익숙해져 진실로 소중한 것을 잊지는 않았는지 생각해보세요.

> 그대들의 아이라고 해서 그대들의 아이는 아닌 것.
> 아이들이란 스스로 갈망하는 삶의 딸이며 아들인 것.
> 그대들을 거쳐 왔을 뿐 그대들에게서 온 것은 아니다.
> 그러므로 비록 지금 그대들과 함께 있을지라도 아이들이란 그대들 소유가 아닌 것을.
>
> 　　　　　　　　　　　　　　〈아이들에 대하여〉 중에서

아이의 마음을
지켜주는
따뜻한 엄마

그렇다면 도대체, 우리는 어떤 엄마가 되어야 할까요? 엄마가 아이의 인생에 간섭하지 않고도 아이가 건강하고 똑똑하게 크려면 어떻게 해야 할까요?

　우선은 아이를 지켜볼 줄 알아야 합니다. 아이의 탤런트, 즉 재능을 발견하기 위해서지요. 아이를 마음대로 휘두르려는 엄마는 아이에게 어떤 재능이 있는지, 어떤 것에 흥미가 있고 무엇이 적성에 맞는지 관심을 갖지 않습니다. 아이의 목소리를 귀 기울여 듣는 일도 없지요. 아이의 재능이나 적성을 고려하지도 않고 그저 획일화된 공부만 시키며 엄마가 원하는 삶과 미래를 강요합니다. 흥미도 적성도 재능도 무시당한 채 강제로 공부하는 아이가 과연 행복할까요? 스스로 고민하지 않고 엄마가 의도하는 대로 커가는 아이의 삶이 과연 빛날 수 있을까요?

아이의 재능을
발견하라

지구상에는 약 60억 명의 인구가 있고 약 60억 개의 개성이 있습니다. 모두가 다 다른 사람이지요. 아이 역시 마찬가지입니다. 어떤 아이든 각자 특별한 재능이 있어요. 그런데 엄마들이 아이의 재능을 모르거나, 과소평가하고 무시합니다. 내 아이는 특별한 재능이 없으니 남들 하는 공부 열심히 해서 성공해야 한다고 말하는 엄마들이 정말로 많지요. 아이의 재능에 관해서는 다음과 같은 이야기가 있는데, 잠시 풀어볼까 해요.

6학년 반을 맡은 담임선생님이 있었어요. 그 반에는 학습부진아가 있어, 선생님이 방과 후에 그 학생들을 불러 개별 지도를 했지요. 어떤 날은 받아쓰기가 부족한 학생들을 불러 저학년 국어책으로 공부를 시켰고, 받아쓰기 시험을 보았어요. 문제는 모두 여섯 문제로 아주 간단한 것이었어요. 1, 2, 4, 5번 문제는 세 글자, 3, 6번 문제는 다섯 글자로 된 단어였답니다. 선생님은 아이들이 알아듣도록 두세 번씩 문제를 불렀고, 아이들은 열심히 답안지를 썼어요. 그중 한 답안지를 받아든 선생님은 경악하고 말았습니다.

아이의 답안지

1. 랑깅공
2. 강깅공
3. 랑깅강깅공
4. 란디온
5. 간딘온
6. 란딘간디온

도무지 이해할 수도, 알아볼 수도 없는 단어가 답안지에 꼬불꼬불 적혀있었던 거지요. 선생님은 아무 말도 못하고 답안지를 접어 주머니에 넣었답니다.

며칠 후 선생님은 오랜만에 친구들을 만났어요. 선생님은 친구들에게 학생의 말도 안 되는 답안지를 보여주며 부진아 지도의 어려움을 호소했다고 합니다. 그런데 심리학을 전공한 친구와 국문학을 전공한 친구의 반응은 아주 놀라웠어요.

답안지에 있는 알 수 없는 단어는 모두 규칙성과 특성이 있다는 이야기였습니다. 1, 2, 3번은 모두 이응 받침으로 이루어져, 여인의 사랑고백과도 같이 아름답고 사랑스러운 소리로 읽히고요. 4, 5, 6번은 니은 받침으로 이루어져 강하고 똑똑 끊어지게 읽혀 강한 남성의 소리로 읽힌다는 거였어요. 게다가 4번의 란디가 6번에서는 란딘으로, 5번의 간딘은 6번에서 간디로 받침의 규칙적인 변화가 이루어졌지요. 소리의 변화를 추구한 것입니다. 리듬감 있게, 느낌을 가지고 아름답게 읽히는 말은 시의 기본이지요. 친구들은 이 학생이 시인으로서 누구보다 자질이 있는 학생이라고 말했습니다. 선생님은 그 뒤로 학생의 받아쓰기 답안지를 유심히 살펴보았어요. 학생은 그때마다 규칙성과 특징이 있는, 아름다운 단어를 썼습니다. 하지만 선생님은 이토록 훌륭한 시인의 자질을 가진 학생이, 지능이 낮고 학습능력이 부족하다는 사실에 그저 안타깝고 아쉬웠어요.

어떤가요? 안타깝고 가슴 아프면서도, 굉장히 놀라운 이야기지요? 우리는 흔히 지능이 낮으면 어떤 재능도 없다고 생각하는데, 사실은 아니랍니다. 세상의 모든 아이는 크건 작건 간에 저마다 재능을 가지고 태어납니다. 다만 겉으로 잘 드러나지 않아서 엄마들이 모르는 것뿐이지요.

엄마는 이렇게 아이의 숨겨진 재능을 발견해줘야 합니다. 그러려면 어떤 분야에 관심을 갖는지, 어떤 공부를 할 때 특히 즐거워하는지, 아이의 눈빛이 언제 반짝반짝 빛나는지 주의 깊게 살펴야겠지요. 공부 잘하는 누구는 어디 학습지를 하고 이런 공부법을 쓴다더라, 내 아이도 시켜보자, 이런 방법은 절대 좋지 않아요. 아무리 유명하고 검증된 학습법이 있어도 아이의 특성에 맞지 않으면 소용없어요. 내 아이의 특성에 맞는 학습을 시도해야 아이가 호기심을 가지고 스스로 공부하게 됩니다. 그것도 즐기면서 말이지요.

논어에 '지지자불여호지자, 호지자불여락지자(知之者不如好之者, 好之者不如樂之者)'라는 말이 있어요. 아는 사람은 그것을 좋아하는 사람만 못하고, 좋아하는 사람은 그것을 즐기는 사람만 못하다는 뜻입니다.

아이가 스스로 즐기면서 공부할 수 있어야 능률이 오르고 그것이 참된 공부지요. 즐기지도 좋아하지도 않는 공부를 억지로 하면 아이의 마음도 미래도 캄캄하기만 하겠지요. 아무리 재능이 있어도, 그것을 제때 발견하고 키워주지 못하면 그 가치를 잃게 됩니다.

누구나 자신에게 알맞은 재능이 있지만, 어떤 사람은 그것을 수십

배로 발휘하는 반면 어떤 사람은 재능의 유무조차 알지 못해 그 값어치를 잃어버리곤 합니다. 때문에 아이의 재능을 발견하고 키워주는 엄마의 애정 어린 관심과 노력이 필요합니다.

엄마는 아이의
감정 베이스캠프

엄마는 아이에게 감정의 베이스캠프가 되어주어야 합니다. 감정의 베이스캠프라니, 조금 생소한 말이지요? 베이스캠프란 탐험을 할 때 근거지로 삼는 곳이지요. 탐험을 떠난 이들이 다치거나 지쳤을 때, 그리고 밤이 되었을 때 돌아와 쉬거나 재정비를 하는 곳이 바로 베이스캠프입니다. 그렇다면 감정의 베이스캠프란 무엇일까요?

아이의 하루하루는 마치 오지탐험과도 같아요. 만나는 사람과 가는 곳이 일정하고 더 이상 새로운 것을 체험하거나 배우는 일이 드문 어른들과 달리, 아이들은 매일 탐험가처럼 새로운 것을 경험하고 느낍니다.

매일 새로운 지식과 삶의 다양한 이면을 배우고, 수많은 친구와 선생님들을 만나고, 낯선 체험을 통해 세상을 익히는 우리 아이를 작은 탐험가라고 불러도 부족하지 않겠죠? 어른도 낯선 환경을 접하고 낯선 사람을 만나면 지치고 피곤한데, 하물며 아이들은 어떨까요? 엄마들은 새로운 세상을 탐험하는 아이들이 지치면 언제든 맘 편히 돌아올 수 있는 베이스캠프가 되어주어야 해요.

감정 역시 마찬가지예요. 큰 일이 있지 않은 이상 감정의 변동이 적은 어른과 달리 아이들은 매일 새로운 것을 경험하면서 감정의 폭을 넓혀갑니다. 그 과정에서 마음이 지치거나 상처를 입는 일도 생기게 되지요. 아이들은 아직 심신이 모두 연약한 상태이기 때문에 감정이 지치고 상처 입었을 때, 언제든 돌아가 치료하고 쉴 수 있는 감정의 베이스캠프가 반드시 필요합니다. 그 역할을 바로 엄마가 해주는 것이지요.

엄마에게 와서 마음을 쉬지 못하는 아이가 어디서 그 마음을 누이고 쉴 수 있을까요? 아이들이 부모에게 적대적으로 굴거나 소통을 거부하는 것도 부모가 마음의 베이스캠프가 되어주지 못하기 때문입니다. 학습 능률이 떨어지고 공부에 집중을 하지 못하는 이유도 마찬가지예요. 베이스캠프가 없으면 탐험의 능률이 떨어지고, 돌아올 곳을 잃어 지친 몸으로 길을 헤매게 되겠지요. 엄마가 쉴 곳이 되어주지 못하니 아이도 마음의 문을 닫아버리고 지친 마음을 끌고서 홀로 기나긴 방황을 하게 되는 것이지요.

엄마가 대신 탐험을 떠나줄 수는 없어요. 엄마가 아이의 탐험을 이끄는 것도 좋지 않습니다. 감정의 탐험은 오로지 아이 혼자만의 몫입니다. 우리의 작은 탐험가가 오늘도 씩씩하게 탐험을 마치고 돌아와 지친 마음을 누이고 쉴 수 있도록, 언제나 변함없이 그 자리에 있어주는 따뜻한 베이스캠프가 되어 아이가 돌아오기를 기다립시다.

내 아이는 존재만으로도 3억대 1의 경쟁률을 뚫은 대견한 존재입니다. 3억 개의 정자 중 난자와 만나 생명을 이루게 되는 것은 단 한 개뿐이니까요. 그 대단한 경쟁을 치르고 내 태를 거쳐 이 땅에 온 아이는 존재 자체만으로도 신의 선물이지요. 아이가 행복하게 자신의 뜻을 이루어갈 수 있도록, 이 땅에 태어난 사명을 다 할 수 있도록 엄마는 베이스캠프가 되어 아이를 응원해주어야 합니다. 아이가 부여받은 수많은 재능을 백배천배로 열매 맺을 수 있도록 말이지요.

그것 참, 너무 어렵다고요? 막막하다고요? 자, 이제부터 시작이에요. 진짜 엄마 되기. 한 걸음 한 걸음씩, 천천히…… 다시 시작해봅시다.

진짜 엄마
십계명

1. 아이의 장점을 아낌없이 항상 칭찬해야 합니다.

칭찬은 고래도 춤추게 한다고 하지요. 칭찬은 아이의 자존감을 높이고 잠재력을 끌어낼 수 있는 특효약입니다. 열심히 공부하고 즐겁게 생활할 수 있는 원동력이지요. 아끼지 말고 칭찬해주세요. 다만 결과 중심이나 지능에 대한 칭찬보다는 과정과 노력에 대한 칭찬을 많이 해주어야 한다는 사실! 잊지 마세요.

2. 아이의 단점을 확대·과장하여 편견을 갖지 말아야 합니다.

엄마가 아이의 단점을 과장하거나 실제보다 크게 받아들이는 것은 좋지 않습니다. 아이의 자존감이 낮아질 뿐만 아니라 큰 상처가 되거든요. 또, 단점에 대한 생각이 편견으로 이어져 "넌 민첩하지 못하니까 운동을 못할 거야"와 같이 아이의 한계를 그어놓게 됩니다. 단점은 고칠 수 있고, 고치지 못하더라도 생각하기에 따라서 장점이 될 수도 있답니다. 그러므로 아이의 단점을 명확히 인식하되 긍정적으로 생각하는 것이 중요합니다.

3. 학습이나 생활면에서 다른 아이와 비교하지 말아야 합니다.

비교는 독입니다. 아이의 자신감을 떨어뜨리고 반발심만 불러일으킬 뿐, 결코 좋은 자극이 될 수 없어요. 남과의 비교는 아이의 열등감을 심화시키지요. 타인과 비교하여 긍정적 자극을 받는 것은 내면에서 스스로 일어나야 하는 일이에요. 엄마는 아이를 있는 그대로 사랑하고 아껴주어야 합니다.

4. 왜 공부해야 하는지 확실하게 가르쳐야 합니다.

아이들은 대부분 왜 공부하는지 잘 모른답니다. 엄마의 극성에 마지못해 하는 경우가 많지요. 그래서 공부를 힘겨워하는 거예요. 왜 공부해야 하는지 아이 스스로 명확히 깨닫고, 그에 따른 동기를 얻는 것이 중요합니다. "공부 열심히 해야 성공하지"와 같은 말은 아이의 내면에 울림을 줄 수 없답니다. 아이가 자신만의 동기를 찾을 수 있도록 돕는 것이 중요해요.

5. 자신의 관리방법을 일깨워 주어야 합니다.

요즘 엄마는 아이를 대신 관리하려고 들지요. 공부·학원 스케줄을 대신 짜주고, 건강에서 생활습관까지 엄마가 모두 참견해 해결하려고 합니다. 그러나 그런 참견이 수동적인 아이를 만든답니다. 당장은 엄마 말에 잘 따르니 좋을지 몰라도, 사회에 나가 타인과의 관계 및 업무에서도 수동적인 모습을 보여 건강한 생활을 하기가 힘들어집니다. 보기 답답하고, 엄마 입맛에 안 맞는다고 하더라도 아이가 스스로 관리하도록 돕고 지도해주는 것이 좋아요.

5. 해야 할 것과 하지 말아야 할 것을 가르쳐야 합니다.

아이는 아직 어리고 서투릅니다. 자신을 위해서 혹은 타인과 더불어 살기 위해서 무엇을 해야 하고 하면 안 되는지 모르지요. 엄마는 이를 잘 가르쳐야 합니다. 아이를 강하게 규제하라는 뜻은 아니에요. 다만 자신과 타인을 위한 최소한의 행동 예절을 알고, 이를 잘 지킬 수 있어야겠지요? 엄마는 아이에게 최소한의 규칙을 알려주어야 합니다.

6. 아이와 정신적인 대화를 많이 나누어야 합니다.

아이와 보통 어떤 대화를 나누고 있나요? 성적과 공부에 대해서만 묻고 있지는 않나요? 생활이나 용돈, 건강처럼 현실적인 얘기만 나누지는 않나요? 현실적인 대화도 중요하지만, 정신적인 대화를 더 많이 나누어야 한답니다. 무엇에 흥미가 있는지, 요즘 기분은 어떤지 관심을 기울여주세요. 그리고 가치관이나 마음 등 눈에 보이지 않는 것을 대화의 주제로 삼아보세요. 눈에 보이는 것보다 보이지 않는 것이 더 중요하고, 아이에게 많은 영향을 미친답니다.

7. 아이의 말에 귀 기울이는 경청의 자세가 필요합니다.

엄마가 자신의 말을 잘 들어주지 않으면 아이는 금세 마음의 문을 닫아버립니다. 친구하고만 깊은 대화를 나누려고 하고 엄마와의 대화는 피하게 되지요. 또한 엄마가 경청하지 않으면 아이에 관해 놓치는 것이 너무나 많아져요. 아이와의 관계를 위해서, 그리고 아이의 마음을 위해서 엄마는 늘 아이의 말을 경청하려고 노력해야 한답니다.

8. 아이의 행복추구를 위해 같이 노력해야 합니다.

엄마가 본질적으로 아이에게 원하는 것이 무엇인가요? 아이의 성공인가요? 잘난 사람이 되어 떵떵거리며 사는 것인가요? 위대한 사람이 되어 엄마의 자랑거리로 만드는 것인가요? 엄마는 정말 그것만으로 만족할까요? 아니지요. 엄마가 진정으로 원하는 것은 아이의 행복입니다. 하지만 정작 행복은 쏙 빼놓고 다른 데에 집중하는 엄마들이 많아요. 아이의 행복을 최우선으로 두고 이를 위해 아이와 엄마 모두 노력해야 하는 것, 바로 육아의 기본입니다.

9. 세상은 더불어 사는 공동체임을 인식시켜야 합니다.

내 아이에게 좋은 것만 주려는 마음에 도리어 아이를 이기적으로 만드는 엄마가 많습니다. 남들이야 어찌됐건, 내 아이만 행복하고 잘 되면 된다는 마음은 아이를 사회에서 고립시키고 맙니다. 혼자서 살 수 있는 사람은 어디에도 없지요. 세상은 더불어 사는 공동체이며, 아이는 그 공동체의 일원이라는 것을 항상 명심하고, 아이에게도 이를 잘 알려주어야 한답니다.

10. 자신이 세상에서 가장 귀한 존재임을 이해시켜야 합니다.

요즘 낮은 자존감으로 고통 받는 사람이 많지요. 자존감에 관한 책도 많이 나오고, 도움이 되는 조언도 인터넷에 많이 돌아다닌답니다. 자신을 소중하게 여기지 못하고, 사랑하지 못하는 사람이 많은 시대지요. 이는 부모의 잘못된 양육방식에서 비롯된 것도 있답니다. 아이가 스스로를 귀하게 생각하지 않으면 자신감 결여부터 인격 장애까지, 수많은 부작용을 낳게 됩니다. 자신이 세상에서 가장 귀한 존재임을 아이가 깨닫도록 도와주어야 합니다. 스스로를 대단히 여겨 안하무인이 되도록 하라는 뜻은 아닙니다. 그저 아이가 자신을 귀하게 여기고 사랑하여, 스스로를 함부로 대하지 않고 소중하게 대할 수 있도록 도와주세요.

엄마,
내 마음을
만져 줘

1단계:
바다 같은 엄마

이제부터 본격적인 감정코칭으로 들어가 볼까요? 감정코칭이란 아이의 마음을 만지는 것이지요. 아이의 마음을 만지려면 우선 엄마가 아이의 마음을 만질 수 있는 사람이 되어야 합니다. 감정코칭의 첫 번째는 아이의 감정을 그대로 받아주고 이해해주는 것이지요. 그러려면 엄마는 어떤 사람이 되어야 하는 걸까요?

생명의 근원,
바다처럼

바로 바다 같은 엄마가 되어야 합니다. 지구의 모든 생명체는 바다에서 태어났어요. 바닷물에 듬뿍 들어있는 영양분으로 생명이 태어났고 성장하여 육지로 나갈 수 있었지요. 그만큼 바다는 깨끗하고 강인한 생명력을 가지고 있습니다. 그리고 원대한 포용력이 있지요. 셀 수 없을 만큼 수많은 생명이 바다 속에 살고 있습니다. 바다는 그 많은 생명에게 영양분을 제공하고 녹아든 산소를 제공하여 생명을 살아갈 수 있게 하지요. 게다가 끝이 없습니다. 지구를 벗어나 우주까지 가본 인류가, 아직도 바다의 가장 깊은 곳은 가볼 수 없었다고 하잖아요. 바다는 무한한 가능성까지 지닌 셈이지요.

  사람의 감정은 다양한 모양을 하고 있습니다. 어떤 모양의 감정이 언제 어떻게 튀어나올지 모르지요. 엄마가 바다 같은 사람이 되어야 하는 이유도 그 때문입니다. 작은 수족관에는 딱 그만큼의 생물만 살 수 있지요. 조그마한 어항에는 작디작은 금붕어 한 마리만 살 수 있고요.

  아이의 감정은 언제 어떤 모양으로든 나올 수 있습니다. 거대한 고래 같은 슬픔이 튀어나올 수도 있고요, 뾰족뾰족한 가시에 독이 있는 쑤기미 같은 공격성이 튀어나올 수도 있습니다. 깊게 가라앉아 해저를 기어 다니는 성게 같은 우울감이 불쑥 나오거나, 아직 발견되지 않은 심해어처럼 낯선 감정이 등장하기도 하지요. 매끈한 돌고래 같은 즐거움이 튀어나와 첨벙거리며 점프하기도 하고요. 이 모든 감정이 엄마 안에서 자유롭게 헤엄치고 유유히 길을 가려면 엄마는 바다 같은 사람이어야만 합니다. 엄마 마음 속 바다가 좁으면 아이의 감정이 들어올 수가 없겠지요.

스스로를
사랑하는 엄마

그러면 어떻게 해야 할까요? 엄마 안에 감정의 찌꺼기가 남았음을 인정한 다음, 이해하고 치유해야 합니다. 그래야 아이의 감정을 모두 깨끗하게 받아줄 수 있는 상태가 됩니다. 엄마 안에 해결되지 못한 잔여물이 많으면 아이의 감정이 들어와 쉴 자리가 없으니까요.

또한 엄마는 스스로를 사랑할 줄 알아야 합니다. 자신에 대한 애정 없이 아이에게만 사랑을 쏟는 엄마들이 많은데요, 이건 올바른 헌신이 아니라 병이고 집착이에요. 엄마가 스스로를 사랑할 줄 모르면 아이도 그렇게 됩니다.

그런 엄마가 어떻게 아이를 바르게 사랑할 수 있을까요? 아이를 사랑하고 아이의 감정을 받아주려면 엄마가 스스로를 귀하게 여기며, 자신의 내부에서 일어나는 감정을 인정하고 수용하는 일이 먼저입니다. 자신의 감정도 다 해결하지 못하면서 어떻게 아이의 감정을 받아들이고 이해해줄 수 있을까요?

바다 같은 엄마가 된다는 것, 깨끗한 생명력과 넓은 포용력을 가진다는 것, 참 어려운 일입니다. 듣고 이해한다고 바로 할 수 있는 것이 아니지요. 그렇지만 내 아이의 감정코칭의 첫 단계로, 반드시 필요한 과정입니다. 내 안에 남은 감정의 불순물을 제거하고, 아이의 모든 감정이 부딪치지 않고 첨벙첨벙 헤엄칠 수 있도록 깨끗한 마음을 준비해주세요.

2단계:
감정 읽어주는 엄마

 엄마의 마음이 아이의 감정을 받아줄 준비가 되었다면, 이제 아이의 감정을 읽어주어야 합니다. 그런데 아이의 감정을 읽는다는 것에만 집중하다보니 생각지 못한 실수를 하는 엄마가 많아요. 아이는 가만히 있는데 엄마가 대뜸 아이의 감정을 읽으려고 들거나, 아이의 감정을 엄마 마음대로 재단하는 경우가 그렇지요.
 감정코칭을 하려고 했는데 아이가 거부했다며 곤란해하는 엄마도 많아요. 감정코칭은 자연스럽게 시도해야 합니다. 아무런 문제가 없는데 엄마가 감정을 읽으려고 하면 아이는 당황스럽습니다. 아이가 감정을 표현했는데 엄마가 맥을 못 짚고 마음대로 재단하면 아이는 짜증을 내요. 아이의 감정은 시시각각 변하고 복잡한데, 엄마가 책에서 본 대로만 혼자 감정코칭을 진행해버리면 아이는 당연히 거부반응을 일으킵니다. 아이를 면밀히 관찰해 그에 맞게 마음을 만져주어야 하는데, 아이는 준비도 되지 않았는데 엄마가 마음에 손을 쑥 넣어서 엄마 기준대로 휘저어버리는 거니까요.

감정은 말로만
나타나지 않는다

언어는 말로만 하는 것이 아닙니다. 바디 랭귀지(Body Language), 즉 신체적 언어라는 것도 있지요. 어른들도 감정을 말로만 표현하지는 않습니다. 표정이나 행동을 통해 감정을 드러내지요. 고개를 홱 돌리는 것은 거부의 표현이고, 상대에게 몸을 기울이는 것은 상대와 가까워지고 싶은 마음의 표현이잖아요.

아이 역시 마찬가지예요. 말로만 모든 감정을 표현하지는 않지요. 특히 아이는 말로 표현하는 데 서투르기 때문에 몸으로 훨씬 더 많은 감정을 표현합니다. 웃고 우는 행동으로 기분을 표현하기도 하지만, 더 복잡한 몸의 언어로도 감정을 표현하지요. 그러므로 엄마는 아이의 행동을 주의 깊게 관찰해 감정을 읽으려고 노력해야 합니다.

아이가 '엄마, 나 기분이 안 좋아'라고 먼저 말로 감정 표현을 해준다면 엄마도 읽어주고 이해하기 편하겠지만, 아이에게 그것은 쉬운 일이 아니지요. 말보다 익숙한 몸을 통해 감정을 표현해요. 물건을 던지거나 발로 차는 것, 식사를 거부하는 것, 문을 닫고 방에 들어가 버리는 것이 그러한 감정 표현의 예입니다. 그런데 이런 상황이 발생하면 대부분의 엄마는 아이의 잘못된 행동을 교정하려고 화부터 냅니다. 감정과 감정이 부딪치고 말지요.

아이가 잘못된 행동을 하는 것은 단순히 버릇이 없어서가 아니에요. 감정이 어딘가 상했기 때문에 그런 행동을 하지요. 그러므로 아이가 잘못된 행동을 하면 무조건 화부터 내기보다는 아이가 왜 그런 행동을 하는지, 무엇이 문제인지 파악해야 해요.

반면 아무런 행동이 없는 것도 일종의 감정 표현입니다. 오랫동안 말이 없거나, 아무것도 하고 있지 않은 것은 마음에 문제가 있기 때문이지요. 아이가 얌전하다고 해서 무조건 안심할 일이 아니에요. 아이를 항상 잘 살펴서 평소와 다른 기색을 보이면 바로 아이의 감정을 읽어주려고 노력해야 합니다.

감정코칭의 필수,
조기발견

감정을 초반에 알아주지 않으면 아이의 감정은 더욱 격해지고, 행동도 더욱 과격해져요. 아이가 반찬투정을 할 때, '어디서 반찬투정이야? 골고루 먹어야 건강해지지. 빨리 먹어!'라고 화를 내버리면 아이의 감정도 덩달아 격해집니다.

화가 난 아이가 '안 먹어!' 하고 반응하면 엄마도 더 화가 나 아이에게 심한 말까지 하게 되지요. 그리고 엄마가 숟가락을 들고 아이의 입에 넣으려고 하면 아이는 뒤로 벌렁 넘어져 온몸으로 떼를 쓰고 악을 쓰며 웁니다. 그 행동을 또 제지하려고 하다 보면 급기야 몸싸움이 일어나고요.

아이가 감정을 보이면 되도록 초반에 빨리 캐치해서 아이의 감정을 읽어주고 받아주어야 합니다. 그러지 않으면 감당할 수 없을 만큼 감정이 격해져 더 큰 문제를 불러일으키지요. 아이들이 버둥거리며 떼를 쓰거나, 악을 쓰며 우는 것도 초반의 감정이 해결되지 않았기 때문에 더욱 과격한 행동을 보이는 것이랍니다.

작은 감정이라고 그냥 넘어가면 걷잡을 수 없이 커지기 마련입니다. 반면 초반에 감정을 알아주고 코칭을 시도하면 좀 더 수월하게 아이를 진정시키고 문제를 해결할 수 있지요. 감정이 커지면 감정 코칭에도 애를 먹는답니다. 그러므로 작은 감정이라고 무시하거나 넘기지 마시고, 잘 읽어주어야 합니다.

감정을 재단하지 말 것

세상에는 손으로 꼽을 수 없을 만큼 다양한 감정이 있습니다. 모든 감정을 희노애락 네 가지로 설명할 수 없죠. 경멸과 동정이 뒤섞이기도 하고, 공포와 존경이 섞이기도 합니다. 행복과 슬픔처럼 양가적인 감정이 섞이기도 하고요. 한 가지 감정만 해도 참 많은데, 복합적으로 나타나기도 하니 손으로 셀 수도 없겠지요.

아이도 그렇습니다. 아이가 어리고 감정 표현이 단순하다고 해서 감정을 단순하게 느끼는 것이 아니에요. 대부분의 어른들은 아이의 감정을 읽어줄 때 '화가 났구나', '슬프구나', '짜증이 났구나'와 같이 한 가지 감정으로만 단순하게 생각합니다.

그러나 아이도 어른처럼 다양한 감정을 복합적으로 느껴요. '어린 애가 회한을 알겠어?' 하는 식으로 무시해버리면 안 돼요. 물론 회한과 같이 어렵고 복잡한 감정을 구체적으로 느끼는 것은 아닙니다. 그러나 다양한 상황과 환경을 통해 그 비슷한 감정을 느끼기도 하지요.

복합적인 감정을 느끼면 아이도 혼란스럽습니다. 어리다보니 처음 느끼는 감정도 많고요. 감정을 명확히 인식하지 못하는데 여러 감정이 나타나니 아이도 스스로 해결할 줄 모르게 되지요. 그러므로 엄마가 아이의 감정을 쉽게 재단하지 말고 정확하게 인식해주는 것이 중요합니다.

여러 가지 감정을 한 번에 느끼는 아이에게 감정을 함부로 재단해서 '화가 났구나'라고 정의내리면 아이는 자신의 감정을 무시당한다고 생각합니다. 어리다고 해서 아이의 감정을 쉽게 생각하지 마시고, 말로 설명할 수 없는 복합적인 감정도 느낄 수 있다는 사실을 기억해두세요.

감정
짚어나가기

아이가 모든 감정을 일방적으로 표출하는 것은 아니에요. 앞서도 말했듯 아이 스스로 어떤 감정을 느끼는지 뚜렷

하게 인식하지 못하는 경우가 있고, 감정을 말로 표현하기 어려워하는 경우도 많아요. 그럴 때 아이에게 '지금 어떤 기분이야? 말해 봐', '화났니? 아니면 슬프니?' 하고 무조건 다그치지 마세요. 아이와 함께 감정을 짚어나가는 것이 필요해요.

처음에 아이에게 '지금 기분이 어떤 것 같니?' 하고 물어보는 것은 좋은 질문 방법입니다. 아이가 자신의 감정을 차분히 말로 할 수 있을 거예요. 그런데 그런 대답을 어려워하는 아이도 있어서, '몰라요' 하고 대답하는 경우도 의외로 많지요.

그럴 때는 '지금 기분을 그림으로 그리면 어떤 그림이 나올까?', '지금 기분을 날씨로 표현하면 어떤 것 같아? 마음에 비가 내리는 것 같아? 아니면 바람이 많이 부는 것 같아?' 하는 식의 질문도 도움이 되지요. 비유적이면서도 감정을 표현할 수 있는 방법을 이용하게 되면 아이도 좀 더 쉽게 자신의 감정을 짚어나갈 수 있답니다.

3단계:
공감하는 엄마

감정코칭에서 가장 중요한 포인트는 바로 공감입니다. 엄마가 아이의 감정을 어떻게 받아주고 공감하느냐에 따라 아이가 안고 있는 문제를 해결하는 방향이 결정되지요. 공감을 한다는 것은 쉬운 일은 아닙니다. 상대의 일을 내 일처럼 생각하고 받아들여야 하지요. 나와 비슷한 경험이 있는 사람의 감정에 공감하기는 쉽지만, 나와 전혀 다른 모양의 삶을 사는 사람의 이야기에 공감하기는 상당히 어렵지요.

 아이는 어른과 뇌의 발달 단계가 전혀 다르기 때문에, 내가 비록 한때 아이였다고 할지라도 아이에게 진심으로 공감해주는 것은 결코 쉽지 않아요. 그러므로 진심어린 공감을 하기 위해서는 많은 노력이 필요합니다.

공감의 기본,
감정을 진지하게 다루기

어느 날 나에게 몹시 힘든 일이 벌어졌다고 생각해보세요. 그것은 끔찍이 힘들고 괴로운 경험이었지요. 너무나 고통스럽고 슬퍼 누구에게든 이 마음을 털어놓고 싶어졌어요. 그래서 주변에서 경험이 많은 사람을 찾아가 나의 일을 털어놓고 내 감정을 얘기하게 되었습니다. 그 사람은 인생에서 수많은 고난을 겪었고 여러 가지 감정을 겪은 사람이지요. 그런데 내 얘기를 들은 그 사람은 피식 비웃으며 이렇게 말했습니다.

"그래요, 많이 괴롭고 힘들었겠네요."

이 말을 듣고 어떤 기분이 들었을까요? 그 사람의 말은 내 감정에 공감을 해줬는데, 나는 공감을 받았다는 기분이 들었을까요? '나는 엄청난 고난을 넘겨가며 이렇게 살았는데, 너는 고작 그런 일로 힘드니? 정말 귀엽고 깜찍하네' 이런 말로 들리지 않았을까요?

물론 압니다, 내가 겪은 고난이 그 사람에게는 아무것도 아니라는 것을요. 그래도 나에게는 힘들고 괴로운 일이었는데, 이렇게 무시당하다니, 화가 나고 서러운 것이 당연하지요.

아이의 감정을 공감해줄 때도 마찬가지입니다. 아이의 감정을 진지하게 생각해야 합니다. 어른인 내 눈에는 별것 아닌 일이라도, 아이 입장에서는 아주 크고 중요한 일일 수 있지요.

먹고 싶은 음식을 못 먹은 것이, 머리가 예쁘게 묶이지 않은 것이, 친구와 싸운 것이, 학교에서 혼난 것이 아이에게는 세상이 무너질 만큼의 고통일 수 있습니다. 그런데 엄마가 아이의 감정을 우습게 여긴 채 겉으로만 공감을 해주면 어떻게 될까요? 아이는 기분이 상하고 상처를 받습니다. 겉으로 공감해준다고 해서 속으로 무시당하고 있다는 것을 아이가 모르지 않거든요.

아이가 겪은 일이 별것 아니라고 해서 우습게 여기거나 귀엽게 여기면서 공감하는 것은 진짜가 아닙니다. 아이의 입장에서, 아이의 기분을 그대로 느끼려고 노력해야 해요. 그것이 바로 감정코칭에서 공감의 기본이 됩니다.

감정을 판단하지 않기

아이의 감정을 모두 받아줘야 한다고 얘기를 하면, 많은 엄마들이 '아니, 그럼 애가 폭력적이고 잘못된 감정을 느끼는 데도 다 받아줘야 한단 말이에요?' 하고 놀랍니다.

그런데요, 그런 감정을 느낀다고 해서 무조건 잘못되었다고 할 수는 없어요. 외부 상황이 아이로 하여금 그런 기분이 들도록 만드는 것이거든요. 그런데 여기서 엄마가 감정에 가치판단을 내리고, '너 지금 그런 기분 느끼는 건 잘못된 거야', '그런 말은 하면 안 돼' 하고 말하면 아이는 당황합니다. 그런 감정을 느끼는 스스로가 잘못되었다고 생각하게 되지요. 부정적인 감정은 언제든지 들 수 있는 자연스러운 것인데, 그럴 때마다 자신이 이상해서, 혹은 나쁘기 때문에 그런 기분이 든다고 생각합니다.

감정코칭에서 아이의 감정을 모두 받아주라는 것은 부정적인 감정으로 인한 잘못된 행동까지 용인하라는 뜻은 아니에요. 우선 감정만 받아주라는 것이지요.

분노, 혐오, 경멸, 미움 같은 부정적인 감정이 드는 것은 인간이기에 당연합니다. 감정코칭은 부정적인 감정을 올바른 방향으로 해소하기 위한 것이므로 감정 자체는 엄마가 받아줘야 해요.

친구를 미워하는 아이에게 '친구를 미워하면 안 돼'라고 말하면 아이는 자신의 감정을 해소할 기회를 놓치고, 감정을 억압당한 채 마음속에 남겨둡니다. '선생님 너무 싫어. 선생님 죽어버렸으면 좋겠어'라고 말하는 아이에게 '선생님이 죽었으면 좋겠다니, 그게 무슨 나쁜 소리니? 그건 나쁜 거야. 그런 생각하지 마'라고 하면 아이에게는 무엇이 잘못된지도 모른 채 해소되지 못한 감정만 쌓이지요.

지나치게 폭력적이고 격한 감정 앞에서 당황하지 않을 엄마는 별로 없을 거예요. 그러나 감정에 가치판단을 내리고, 나쁜 감정이라고 생각되는 것을 미리 차단하려고 해서는 안 됩니다. 그러면 감정코칭이 아예 불가능해져요. 감정코칭을 성공적으로 하기 위해서는 아이가 어떤 말을 하던 우선 모두 공감해주고 이해해주어야 합니다. 감정 자체를 부정해버리면 공감이 있을 수 없고, 그 이후의 해소나 해결방안도 따라올 수가 없지요.

　어른의 잣대로 감정에 선을 그어 구분하지 마세요. 받아주기 좋은 것만 받아주지 마세요. 그것은 감정코칭이 아니라 아이의 감정을 강요하고 억누르는 것입니다.

그랬구나

　　　　　　　　〈자기야〉라는 예능 프로그램이 있지요? 연예인 부부가 나와 부부의 속사정을 털어놓는 내용의 프로그램이지요. '그랬구나'를 이용하여 부부간의 갈등을 해결하는 코너가 화제가 된 적이 있었지요? 아마 보신 분들 많을 거예요.

　배우자가 털어놓는 말을 부정하거나 판단하지 않고, 무조건 '그랬구나. 내가 당신에게 잔소리를 많이 해서 당신을 주눅 들게 했구나'라고 그대로 따라하여 공감을 이끌어내고 갈등을 해소하는 내용이었지요.

　아이의 감정을 공감해줄 때도 이 '그랬구나'를 활용해보세요. 아이의 감정에 공감하기란 쉽지 않습니다. 기본적으로 아이는 내가 아닌 타인이고, 또 아이와 어른은 뇌의 발달 단계가 다르기 때문이지요. 그럴 때 '그랬구나'를 사용하여 아이의 말을 무조건 받아주며 똑같이 따라 해보세요.

　　"나는 공부하고 싶지 않은데 엄마가 자꾸 공부하라고 해서 짜증났어요."

이렇게 말하는 아이에게 '엄마가 현우 잘 되라고 공부를 하라고 한 건데, 현우는 그게 속상했구나' 하고 공감하는 것은 오히려 별로 좋지 않아요. 아이 입장에서는 공감이라고 느껴지지 않기 때문이에요. 오히려 '엄마는 너를 위해 정당한 말과 행동을 했는데 네가 그걸 받아들이지 못하고 속상하게 느꼈다'라는 질책처럼 느껴지지요. 엄마 입장에서는 핑계와 변명을 하는 것이나 마찬가지고요. 아이의 말을 무조건 따라 하다 보면, 엄마도 아이의 기분을 이해할 수 있습니다.

> "그랬구나. 현우는 공부하고 싶지 않았는데, 엄마가 그 기분을 몰라주고 자꾸 공부하라고 해서 짜증이 났구나."

이렇게 얘기해주면 아이는 엄마가 공감해준다고 느끼고, 엄마도 아이의 기분을 논리적으로, 심리적으로 이해할 수 있게 되지요.

이러한 화법을 미러(mirror) 화법이라고 하는데, 거울처럼 똑같이 상대방의 말을 따라해 주면 '상대가 내 말을 경청하고 있고 적극적으로 들으려고 하는구나'라고 생각해서 마음의 빗장을 조금 더 풀게 되지요. 육아에서 뿐만 아니라 실생활에서도 상당히 도움이 되는 화법입니다.

이 화법을 쓸 때는 한 가지 주의해야 할 점이 있는데요, 아이의 감정을 깊이 공감하려는 태도를 가지고 해야 한다는 것입니다.

이론으로는 완벽한데 실전에서 감정코칭을 실패하는 엄마가 많아요. '감정코칭을 하려고 하면 아이가 하지 말라고 소리치며 밀어내는데 어떡하죠?' 하고 도움을 요청하는 경우가 종종 있는데요, 대부분 미러 화법을 머리로만 이해했기 때문이에요.

아이도 엄마가 나에게 진심으로 공감하는지 않는지 본능적으로 압니다. 그런데 딱딱한 말투로 책을 읽듯이 '그랬구나'를 하게 되면 아이는 엄마가 나를 달래려고 이상한 기술을 쓰고 있다는 것을 곧바로 눈치 채지요. 그렇기에 화를 내고 엄마를 밀어내는 것입니다.

4단계:
상황 인식을 돕는 엄마

아이는 아직 다양한 경험을 해보지 않은 만큼 다양한 감정을 느끼지 못한 상태입니다. 그래서 처음 느끼는 감정도 많지요. 분명 마음속에서 어떤 감정이 느껴지는데, 이 감정을 무엇이라고 불러야 할지 몰라 망설이기도 하고요. 아동기뿐만 아니라 사춘기도 처음 만나는 낯선 감정이 많을 때입니다.

자신의 감정이 무엇인지 파악하지 못하면 표현하는 데 어려움을 느끼지요. 그러므로 엄마는 아이가 감정을 스스로 인식할 수 있게 돕고, 감정의 모양을 확인할 수 있도록 해주어야 합니다.

또한 아이에게는 자기가 왜 감정을 느끼는지, 그 논리와 상황을 명확히 인식하는 것도 아직 어렵습니다. 그래서 감정이 앞서고, 상황이나 문제를 파악하는 데에는 취약해 문제를 해결하지 못하는 것이지요. 엄마는 아이가 감정을 느낀 배경이나 상황을 아이가 이해할 수 있도록 도와야 합니다.

논리를 강요하지 않기

아이들은 아직 전두엽이 완성되지 않아 논리적인 사고 판단이 어려워요. 그래서 화가 나더라도 바로 '아, 나는 이러이러한 상황 때문에 화가 났구나' 하고 판단을 내리지 못하지요. 그래서 일단 화부터 내는 것입니다.

이럴 때, 엄마가 아이의 감정에 공감해주기 위해 논리적으로 화가 난 이유를 말해달라고 하면 아이 입장에서는 난처하고 짜증이 나요. '왜 화가 난 거니? 말해 봐'라고 하면 아이는 순간적으로 왜 화가 났는지 대답하지 못하는 경우가 많습니다. 그런데 아이에게 그런 감정이 드는 이유를 말해보라고 몰아붙이면 아이는 감정 표현을 더욱 어려워하게 됩니다.

아이가 기분이 안 좋다고 말을 하면, 바로 '왜 기분이 나쁜데?' 하고 논리적인 이유를 묻기보다 '무슨 일이 있었니?' 하고 실제로 벌어진 일을 물어보는 것이 좋아요. 그러면 아이는 자신의 감정에 영향을 준 사건이 무엇인지 말할 수 있습니다.

그 다음 엄마는 아이의 감정과 상황을 연결해주어 아이가 상황과 감정의 고리를 인식할 수 있도록 도와주어야 합니다. '선생님이 친구만 칭찬해주고 너는 칭찬해주지 않아 기분이 나빴구나' 이렇게 말해주면 아이도 나름 체계적으로 감정과 상황의 관계를 이해하게 됩니다.

감정의
이름 짓기

감정은 눈에 보이지 않는 것입니다. 그래서 아이가 명확하게 감정의 이름을 알지 못해 혼란스러워하는 경우도 많지요. 웬만큼 큰 사춘기 아이도 처음 짝사랑을 경험할 때 '아, 난 저 애만 보면 가슴이 울렁거리고 떨려. 도대체 이건 무슨 감정일까? 왜 그럴까?' 하고 혼란스러워합니다.

사물에 이름이 붙으면 개념이 명확해지는 것처럼, 감정에도 이름이 붙으면 구체적인 존재로 다가옵니다. 사람이나 사물에 이름이 없으면 의사소통이 어려운 것처럼, 감정에도 이름이 있어야 합니다. 이름을 부여받고 실체를 갖게 된 감정은 파악하기도 쉽고, 다루기도 쉬워지니까요.

감정코칭의 권위자 존 가트맨(John Gottman) 박사는 감정에 이름을 붙여주는 것이 아주 중요하다고 말했어요. 감정은 우뇌가 느끼는데요, 그것을 말로 표현하고 판단하는 것은 좌뇌가 하는 일이에요. 우뇌에서 느낀 감정이 좌뇌를 통해 말로 나오려면 감정을 언어로 무엇이라고 부르는지 알아야 합니다. 감정에 이름이 없으면 좌뇌를 통해 처리하기가 어렵기 때문에 감정을 파악하고 판단하는 것도 어려워지죠. 그래서 가트맨 박사는 '감정에 이름을 붙여주는 것은 감정이라는 문에 손잡이를 만들어주는 것'이라고 하였습니다. 감정에 손잡이가 생겨 열거나 닫는 식의 처리가 편리해진다는 의미지요.

머릿속에서는 정리가 되지 않던 일들이, 말로 풀어내다가 갑자기 번뜩 정리가 되고 이해되는 경험이 있었을 거예요. 그래서 해결이 한결 쉬워지고요. 이렇듯 말을 통해야 분명해지는 것이 있습니다. 감정도 그렇지요. 머릿속에서는 분명히 감정을 느끼고 있는데, 말로 정리가 되지 않으면 머릿속에서만 빙빙 맴돌고 대처방안을 찾지 못하는 겁니다.

아이가 감정의 이름을 알면, 감정에 대처하기가 한결 쉬워집니다. 그리고 엄마에게 자신의 감정을 표현하기도 쉬워지지요. 감정의 이름을 안다는 것은 감정의 해결 방법을 찾는 지름길을 발견한 것과 같아요. 그러므로 엄마가 아이가 느끼는 감정의 이름을 찾아 붙여 주는 일이 중요합니다.

문제 해결을 돕는 엄마

감정코칭을 여기까지 잘 해왔다면 이제 문제를 해결해야 합니다. 충분한 공감을 통해 아이는 마음이 많이 누그러 졌을 것이고, 엄마가 내 편이라고 느끼게 되었을 거예요. 이제 어느 정도 진정한 아이와 함께 문제를 해결해봅시다.

여기서 포인트는 엄마가 문제를 대신 해결해 주거나 해결책을 만들어 주는 것이 아니에요. 아이가 스스로 해결방안을 찾고, 스스로 해결할 수 있도록 돕는 것이지요.

한계 정하기

앞서 감정을 모두 공감해줘야 한다고 말하면 '아니, 그럼 애가 폭력적이고 잘못된 감정을 느끼는데도 다 받아줘야 한단 말이에요?'라고 놀라는 엄마가 있다고 말했지요?

그에 대한 답으로 아이의 모든 감정에 공감해주는 일은 감정을 받아주는 것이지 잘못된 행동까지 받아주는 것이 아니라는 말을 했고요. 아이가 욕을 했을 때 공감을 거치지 않고 혼을 내면 아이는 자신의 감정이 나쁜 것인지 욕설이 나쁜 것인지 알지 못합니다. 그러므로 아이의 행동을 교정할 때에는 감정을 편견이나 가치판단 없이 충분히 공감해준 다음, 아이의 잘못된 행동을 제한해야 해요.

"동생이 현우 간식을 빼앗아 먹어서 현우가 많이 화가 났구나. 그래, 그 간식은 현우 것인데 정말 기분 나쁘고 속상했겠다. 엄마도 어릴 때 이모가 간식을 빼앗아 먹어서 많이 화가 나고 짜증도 났었어. 그런데 화가 났다고 해서 동생을 때리면 안 되는 거야. 반대로 네가 동생에게 잘못을 했는데, 동생이 너를 때리면 아무리 네가 잘못한 것이어도 아프고 기분 나쁘지 않겠니? 동생을 때리는 것 말고, 현우의 화를 푸는 방법은 없을까?"

이렇게 감정을 공감해주고, 아이의 기분이 누그러진 다음에 행동에 대해 지적하면 아이도 자신의 잘못을 빠르게 인정하고 엄마의 말을 이해합니다. 감정이 격해져 있을 때 행동을 제한하면 감정이 이성을 누르기 때문에 판단력을 상실하지요.

 행동을 제한할 때는 두 가지 규칙이 필요합니다. 첫 번째는 일관성입니다. 아이의 행동을 혼내거나 제한할 때는 일관성이 있어야 해요. 언제는 친구를 때리면 안 된다고 가르쳤다가, 언제는 친구에게 한 방 먹이라고 가르치면 아이가 혼란스러워해요. 부모의 가르침에 일관성이 없으면 아이의 행동에도 일관성이 없어집니다. 이전과 같은 행동을 했을 때 엄마에게 혼이 날지, 칭찬을 들을지 모르기 때문이에요. 그리고 엄마가 같은 행동에 일관성이 없는 반응을 보이면 아이는 엄마를 신뢰하지 못해요. '언제는 된다 하고 언제는 안 된다 하고, 엄마는 정말 제멋대로야. 기분에 따라 행동해' 하는 불만이 쌓여 엄마의 말을 신뢰하지 않고, 엄마가 혼을 내더라도 듣지 않지요.

 두 번째는 간결성입니다. 아이들에게 여러 가지 규칙을 설명하고 지키기를 요구하면 아이는 규칙을 귀찮아하고 금방 잊어버려요. 수업 시간에 떠들면 안 되고, 친구를 때려서도 안 되고, 욕을 해서는 안 되고, 아파트에서 시끄럽게 뛰어 다니면 안 되고, 공공장소에서 소리를 질러서는 안 되고. 이런 식으로 세세하고 복잡하게 규칙을 정해놓으면 아이로서는 규칙을 모두 지키기가 어려워집니다.

 그래서 행동을 제한할 때는 간결한 규칙을 엄마가 먼저 정해, 그 틀 안에서 알려주어야 해요. 그중 가장 효과적인 것은 타인에게 피해주지 않기예요. '남에게 피해를 주면 안 돼. 너도 남이 너에게 피해를 끼치면 싫은 것처럼, 남들도 네가 피해를 끼치면 싫어한단다' 라는 원칙을 잘 일러주고, 그 다음 아이의 행동에 문제가 있을 때 '동생을 때리면 안 돼. 그건 남에게 피해를 끼치는 행동이야'라고 말해주면 아이는 바로 알아듣습니다.

사실 아이들은 규칙을 잘 지키려고 노력한답니다. 기특하지요? 그런데도 불구하고 규칙을 지키지 못하는 아이는 규칙이 너무 많아 어려움을 느끼기 때문입니다. 아이가 기억할 수 있는 선에서 규칙을 정해주어야 잘 지킬 수 있습니다.

아이가 원하는 것 알기

앞에서 아이의 잘못된 행동을 제한했다면, 이제는 해결을 위하여 목표를 설정해야겠지요? 그리고 목표를 설정하기 위해서는 아이가 원하는 바를 명확히 알아야 합니다. '어떻게 하면 현우의 기분이 풀릴까?', '현우는 어떻게 하고 싶어?'라고 물어주는 것이지요.

괴롭힌 사람을 때려주거나 욕을 하는 등의 대답을 하면 잘못된 것이며 규칙에서 어긋난 방법임을 알려줍니다. 그리고 규칙을 지키는 선에서 아이가 바라는 것이 무엇인지 물어보세요. 아이가 최종적으로 원하는 바를 확인해야 해결책을 찾을 수 있습니다.

해결책 찾기

이제 해결책을 찾아내는 차례인데요, 여기서도 주의해야 할 점이 있습니다. 아이는 제쳐두고 엄마만 나서서 해결책을 찾아보고 권하는 것인데, 이는 좋지 않아요. 아이 스스로가 해결책을 찾고 제안할 수 있도록 기다려주고 질문만 하는 것이 바람직합니다.

엄마가 나서서 해결책을 찾고 권유하면 아이는 스스로 해결하려는 의지를 잃게 됩니다. 그리고 엄마가 시키는 대로 하는 기분이 들어 해결을 한 뒤에도 기분이 썩 좋지 않습니다.

아이가 다양한 해결책을 찾도록 '다른 방법은 또 없을까?', '더 좋은 생각이 있을까?', '또 어떻게 하면 좋을까?'라는 질문을 충분히 해주세요. 아이는 여러 가지 해결책을 찾아낼 것입니다. 만약 아이가 해결책을 쉽게 찾지 못하더라도 섣불리 의견을 내지 말고 기다림과 질문으로 해결책을 찾을 때까지 기다려주세요.

아이가 영 해결책을 찾지 못한다면 그때 엄마가 몇 가지 제안을 해줍니다. 한 가지 제안만 하면 수동적인 아이는 그대로 따를 수 있으므로, 다양한 해결책을 제시하여 아이가 생각할 수 있는 폭을 넓혀주세요. 그리고 제안을 할 때에도, '이렇게 하면 어떨까? 하지만 꼭 이렇게 해야 한다는 것은 아니야. 네가 더 좋은 방법을 생각해낼 수도 있어. 엄마 얘기 듣고 또 생각나는 것은 없니?' 하면서 아이가 엄마의 뜻을 바로 따르기보다, 스스로 해결책을 생각해낼 수 있도록 도와주세요.

스스로 해결하기

마지막 단계, 스스로 해결하는 단계입니다. 많은 해결책이 나왔고, 이제 아이가 해결책을 선택하고 실행할 차례지요. 그전에 잠깐, 아이가 해결책을 선택하고 실행하기에 앞서, 지금까지 나온 해결책이 좋은 해결방안인지 아닌지 생각해볼 수 있는 기회를 충분히 주어야 합니다. 여러 가지 해결책을 앞에 두고 검토할 수 있게 해주는 거지요.

'이 방법으로 해결할 수 있을까?', '이 방법은 옳은 것 같니?'라는 질문을 통해 아이가 해결책을 생각하고 평가할 수 있도록 하면, 아이는 다음부터 해결방안을 찾을 때 전보다 체계적이고 합리적인 과정을 거친답니다.

그 다음, 아이가 최종 선택을 하게 될 것입니다. 이때 주의할 점은 엄마가 해결책을 선택할 때 참견해서는 안 된다는 겁니다. 아이가 잘할 수 있을까 걱정되어 엄마가 생각하기에 옳은 방안을 선택해주려는 경우가 많은데, 그것은 정답이 아니에요. 아이는 스스로 충분히 생각하고 고민하여 해결책을 선택했습니다. 그럴 때 엄마가 참견하면 아이는 해결하려는 의지를 잃고, '결국 엄마 뜻대로 될 걸, 왜 물어본 거야?'라고 생각하게 됩니다. 선택만큼은 아이에게 전적으로 맡겨주세요.

해결책을 선택할 때는 아이에게 눈치 주지 마세요. 엄마 생각에는 못마땅한 방안이어도, 아이가 오랫동안 고민하고 가장 적합하다고 판단한 해결책이잖아요. 엄마가 못마땅한 기색을 보이면 아이는 엄마의 눈치를 보며 엄마가 좋아할 만한 선택을 하게 됩니다. 이는 건강한 감정코칭이 아니에요.

물론 아이가 고른 해결책이 실패하거나 마음처럼 안 될 수도 있어요. 그러나 시행착오는 삶에 반드시 필요한 과정 중 하나입니다. 모든 고민과 판단이 다 성공적일 수는 없지요. 아이는 실패의 경험을 바탕으로 다음에는 더 나은 해결책을 찾아낼 수 있답니다. 아이의 힘을 믿어주세요.

감정 단어
익히기

감정을 나타낼 수 있는 단어는 무수하게 많습니다. 아이의 감정 표현을 돕고, 감정에 이름을 붙여주려면 엄마가 다양한 감정의 이름과 표현을 알고 있어야 합니다.

* 다양한 감정 단어를 읽고, 아이의 지금 기분이 어떨지, 아이의 감정에 어떤 이름을 붙여줄지 고민해보세요.

1. 행복, 즐거움, 사랑을 표현하는 감정 단어

기쁜	벅찬	포근한	흐뭇한	상쾌한	짜릿한
시원한	반가운	후련한	살맛나는	아늑한	신바람 나는
흥분되는	온화한	안전한	느긋한	끝내주는	날아갈 듯한
괜찮은	쌈박한	정다운	그리운	화사한	자유로운
따사로운	감미로운	황홀한	상큼한	평화로운	

2. 슬픔, 회한, 좌절을 표현하는 감정 단어

뭉클한	눈물겨운	서운한	처량한	울적한	위축되는
허탈한	애끓는	애처로운	외로운	후회되는	울고 싶은
북받치는	쓸쓸한	주눅 드는	공허한	허전한	뭔가 잃은 듯한
적적한	낙심되는	우울한	참담한	맥 빠지는	마음이 무거운
애석한	비참한	풀이 죽은	암담한	무기력한	거북한
막막한	서글픈	안타까운	절망적인	자포자기의	짓눌리는 듯한
죽고 싶은	애틋한	침울한			

3. 분노, 미움, 싫음을 표현하는 감정 단어

얄미운	열 받는	지겨운	못마땅한	권태로운	불만스러운
불쾌한	불편한	피하고 싶은	찜찜한	떨떠름한	넌더리나는
언짢은	후덥지근한	씁쓸한	괘씸한	성질나는	약 오르는
쌀쌀한	역겨운	메스꺼운	속상한	원망스러운	하찮은

더러운	귀찮은	부담스러운	짜증스러운	신경질 나는	핏대 나는
끔찍한	기분 나쁜	따분한	세상이 싫은	분한	심술 나는
지루한	혐오스러운	꼴 보기 싫은	지긋지긋한	진저리나는	

4. 고통, 두려움 불안, 놀라움을 표현하는 감정 단어

초조한	무서운	긴장되는	어이없는	억울한	당황스러운
조급한	걱정스러운	참담한	두려운	어리둥절한	전전긍긍하는
가혹한	위태위태한	난처한	조마조마한	답답한	참을 수 없는
겁나는	섬뜩한	조바심 나는	떨리는	충격적인	큰일 날 것 같은
멍한	기가 막힌	놀라운	살벌한	정신이 번쩍 드는	죽을 것 같은

5. 신체 부위로 표현하는 감정 단어

목 메이는	가슴 아픈	가슴이 아린	가슴이 시린
애간장이 타는	소름 끼치는	얼굴이 화끈거리는	몸서리쳐지는
피가 끓는	쓰러질 것 같은	두근두근하는	속이 부글부글 끓는
구역질나는	진땀나는	속이 빈 듯한	간이 콩알만 해지는
넋 잃은	배가 아픈	간담이 서늘한	오줌이 마려운 것 같은
숨 막히는	다리가 후들거리는	손에 땀을 쥐는	쓰라린
쑤시는	가슴이 저미는	몸 둘 바를 모르는	머리칼이 곤두서는
터질 것 같은	전율을 느끼는	찌릿찌릿한	골 때리는

스멀스멀한	벌레가 기어 다니는 듯한		

6. 힘과 관련된 느낌을 표현하는 감정 단어

활기찬	힘찬	생생한	의기양양한	든든한	격렬한
열렬한	당당한	팔팔한	엄청난	자신만만한	싱싱한
강렬한	충만한	무기력한	기죽은	넋 나간	패기만만한
왜소한	미약한	미세한	야생마 같은	충격적인	큰일 날 것 같은
멍한	기가 막힌	놀라운	살벌한	정신이 번쩍 드는	죽을 것 같은

7. 부끄러움, 죄책감, 의심을 표현하는 감정 단어

부끄러운	쑥스러운	수줍은	멋쩍은	민망한	가라앉는 듯한
겸연쩍은	어색한	미안한	애매한	뻔뻔스러운	어중간한
미심쩍은	서툰	묘한	놀림 받은	뭔가 아닌 듯한	자책하는
이상한	창피한	죄스러운	한심한	안심이 안 되는	벌거벗은
영문 모를	캄캄한	무거운	쪽팔리는	아리송한	

8. 소외감이나 기타 느낌을 표현하는 감정 단어

그저 그런	피곤한	뭔가 저지르고 싶은	마음을 닫고 싶은
밥맛 떨어지는	무감각한	뒷전에 물러난 듯한	중간에 끼인 듯한

버려진	궁지에 몰린	따돌림 당하는 듯한	마음이 급한
녹초가 된	덫에 걸린	뭐가 뭔지 알 수 없는	들뜬
무관심한	주체할 수 없는	뒤틀린 것 같은	쉬고 싶은
벼랑에 선 듯한	정리가 안 된 듯한	이도저도 아닌 듯한	퇴짜 맞은
기대고 싶은	피곤한	걷어차인	혼란스러운
벽과 맞닥뜨린 듯한			

* 김영애, 《사티어 의사소통 훈련프로그램》, 김영애가족치료연구소. 2002

발달 단계별 아이의 마음 만지기

마음코칭,
언제 시작할까?

감정코칭은 언제부터 시작하는 게 좋을까요? 초등학교에 입학하는 여덟 살? 아니면 말문이 트이기 시작할 즈음? 많은 부모님이 언어로 의사소통이 가능해야 아이가 감정을 논리적으로 표현할 수 있고, 그제야 감정코칭도 가능하다고 생각합니다. 하지만 언어를 사용하지 않는 아이들도 다양한 방법을 통해 부모님께 감정을 표현할 수 있답니다.

흔히들 이야기하는 비언어적 표현으로 말이죠. 표정과 스킨십, 목소리의 어조나 상세, 웃음이나 울음에 이르기까지 다 세지 못할 정도로 많은 감정 표현 방법이 있다는 사실, 깨달으셨나요? 세상에 갓 나온 아기라도 이러한 비언어적 표현을 통해 감정을 드러내는 것은 물론, 표정과 목소리를 통해 부모님의 감정을 읽어낸답니다. 혼자서는 목도 가누지 못하는 갓난아이가 감정에는 누구보다 민감하게 반응하는 것이죠.

임신과 함께 시작하는 감정코칭

그럼, 아이가 태어날 때부터 감정코칭을 시작하면 되냐고요? 아뇨, 사실 진짜 감정코칭은 그 이전부터 시작돼요. 그렇다면 도대체 언제부터냐고요? 바로 엄마가 될 준비를 하는 순간입니다.

아이를 맞이하기 위해 건강한 몸과 마음을 준비하는 것이 가장 이상적이지요. 임신은 결코 녹록치 않은 일이기에 어떤 준비도 없이 아이를 가지게 되면 육체적 피로와 정신적 스트레스로 인해 태교는 생각할 겨를도 없게 된답니다. 이 시기 아이는 탯줄을 통해 영양분을 얻는 것은 물론, 엄마의 호흡과 생각, 즉 호르몬을 통해 감정의 뇌도 발달시키고 있어요. 엄마의 지친 몸과 마음이 아이의 감정에도 그대로 영향을 미치는 것이지요. 그래서 엄마가 우울증을 가진 경우, 아이들도 우울증을 겪게 될 확률이 높아져요. 아이가 내 뒷모습이라는 생각으로 몸과 마음을 모두 준비하는 과정을 가질 수 있도록 꼭 노력해주세요.

그 다음으로 중요한 시기는 아이가 태어나서 36개월이 되기까지입니다. 그런데 왜 이 시기가 그리도 중요한 것일까요? 그 해답은 바로 애착 형성에 있습니다.

아이는 애착형성시스템을 가지고 태어나며, 이를 통해 생후 3년이 되는 순간까지 부모와 애착을 형성하고 관계 맺기의 기본을 구성하게 됩니다. 세상에 태어나 처음으로 만나는 타인, 즉 부모와 맺은 애착 관계가 앞으로 살아가면서 맺을 인간관계의 기본 패턴으로 굳어지게 되죠. 이를 심리학에서는 대상관계론이라고 합니다.

영유아기 애착 연구의 권위자인 정신분석학자 존 보울비(John Bowlby)는 '어렸을 때 부모와의 애착 관계가 제대로 형성되지 않으면, 그 후유증이 평생 동안 이어질 수 있다'는 말로 애착 형성의 중요성을 강조한 바 있습니다.

즉 아기일 때 맺은 부모와의 관계가 불안정하면 성장하고 나서도 불안정하고 어긋난 관계를 맺게 된다는 말이지요. 심지어 그 영향은 자신이 낳은 아이에게까지 이어져 불안정한 애착 형성의 대물림 현상이 발생하고 마는 것입니다. 이 시기 애착 형성이 제대로 되지 않으면 아이는 부모와 잠시도 떨어지지 못하는 분리불안을 느끼고, 이는 이후 성장발달에도 악영향을 미치게 돼요. 반면 어린 시절 감정코칭을 받아 안정적인 애착 관계를 형성한 아이는 평생 동안 건강한 관계를 맺음은 물론, 안정적인 정서를 갖고 성장하게 됩니다. 태어나서 36개월까지의 시간이 무척 중요하다는 이야기, 이제 이해하시겠죠?

하지만 말도 통하지 않는 갓난아이에게 감정코칭이라니, 참 막연하게 느껴지는 게 사실이에요. 코치라는 단어를 들으니 전문가의 영역인 것 같아 부담스럽고, 내 감정도 잘 못 다루는데 말도 안 통하는 아이 감정을 어떻게 다룰 수 있을까 걱정도 생길 테고요. 걱정하지 마세요. 이제부터라도 차근차근 시작하면 되니까요.

마음을 읽는 것부터

우선 감정코칭은 아이의 마음을 읽고 공감하는 것에서부터 시작됩니다. 선수의 능력치를 알지 못하는 코치가 우수한 선수를 키울 수 없는 것처럼, 아이의 감정을 알지 못하면 감정코칭은 결코 성공할 수가 없어요. 아이의 마음을 읽는 것이 감정코칭의 첫걸음입니다.

밥을 먹여주고 재워주고 기저귀를 갈아주는 것만으로도 충분히 부모역할을 했다고 생각하는 사람이 많아요. 물론 아기의 욕구를 채워주는 것은 애착 관계 형성의 첫걸음이지요. 특히 갓난아이에게 부모란 생존의 여부를 결정하는 사람이니까요. 혼자서 밥을 먹고 배변을 하기는커녕, 목도 가눌 수 없기에 아이들은 본능적으로 부모의 필요성을 알고 있답니다. 그래서 부모가 제때에 욕구를 채워주지 않으면 불안하고 두려워지고, 울음을 터뜨려 부모에게 재촉을 하는 것이죠. 부모의 입장에서 보면 '뭐가 그리 서럽다고 저렇게 울어댈까?' 싶지만 아이의 입장에서는 단순히 배가 고프고, 불편한 것을 넘어 생존의 위협을 느끼는 상황인 거죠. 때문에 부모는 아기의 욕구를 적절히 채워주기 위해 많은 관심을 기울여야 해요.

그러나 욕구를 충족시켜 주었다고 부모의 역할이 끝나는 것은 아니랍니다. 욕구의 이면에 있는 감정을 읽어주어야 해요. 무슨 생각이 있을까 싶은 갓난아이도 즐거움과 슬픔, 공포 심지어 외로움까지 느끼거든요. 하지만 대부분의 부모는 아이가 울면 그저 욕구만을 채워주고 얼른 울음을 그치게 만들려고 하죠. 솔직히 아이가 쉬지 않고 울면 부모도 피곤하고 지치거든요.

그러나 아이는 압니다. 엄마가 '우리 아기, 배고픈데 엄마가 몰라줘서 힘들었지. 이제 밥 줄게.' 하는 공감의 마음으로 밥을 주는지, '아이고, 얘가 또 우네. 배가 고픈가보다. 얼른 밥 줘서 울음을 그치게 해야겠다. 자, 뚝!' 하는 해결의 마음으로 밥을 주는지요.

아직 부모의 말과 행동을 논리적으로 받아들이지는 못하지만, 부모가 자신의 감정에 공감하며 행동하는지 아닌지는 본능적으로 느낄 수 있거든요. 그러니 평소와 똑같이 밥을 주고 재워주고 기저귀를 갈아주더라도 아이가 얼마나 힘들고 외로웠을지, 부족한 부분을 채워주기를 얼마나 갈망했을지 공감하는 마음을 가져보세요. 아이는 틀림없이 엄마를 좀 더 가깝고 다정하게 여기게 됩니다.

애정 표현은 많을수록 좋다

다음 단계는 애정 표현입니다. 애정 표현은 많을수록 좋아요. 부모가 많이 안아주고, 애정 어린 스킨십을 해주면 아이도 그 감정을 느끼고 받아들이거든요. 알아듣지 못하더라도 다정하게 '사랑해'라는 말을 많이 해주세요.

　말의 의미를 다 이해하지는 못하더라도 그 속에 담긴 따뜻한 감정은 분명 전달이 됩니다. 비록 기억하지는 못하더라도 엄마에게서 받은 사랑은 아이의 무의식 속에 남게 되고, 이러한 긍정적 감정들이 쌓여 엄마와의 애착 형성에 영향을 미치게 되니까요.

　사실 말도 못 하는 아이의 욕구를 알아채고, 마음을 읽기란 정말 어려운 일이지요. 내가 만들었다지만, 아이는 다른 감정과 인격을 가진 타인인 걸요. 하지만 아이의 입장에서 한 번 생각해볼까요? 배가 고파도, 불편해도, 아파도, 슬퍼도, 무서워도 그저 울거나 칭얼대는 것으로 표현할 수밖에 없는데, 그 감정들을 엄마가 알아주지 않는다면 얼마나 서운하고 서러울까요?

　그래서 엄마는 아이의 감정을 읽고 반응하는 데 민감해야 해요. 똑같은 울음이라도 표정과 소리에 따라 요구하는 것이 다르답니다. 아이가 울더라도 배가 고파 우는지, 기저귀가 젖어 우는지는 조금만 주의를 기울여서 관찰하다 보면 알게 되지요. 아이를 늘 예의주시하고, 아이의 목소리에 귀기울여주세요. 말을 하지 못하는 아이와 의사소통을 하고 건강한 애착 관계를 가지기 위해서는 엄마의 민감성이 절대적으로 필요하답니다.

　그리고 애정 표현도 풍부하게 해주세요. 수시로 입을 맞춰주고, 따뜻한 손길로 쓰다듬어주세요. 아이와 눈을 자주 맞춰 바라봐주시고, 따뜻한 눈빛을 잊지 마세요. 엄마가 아이의 신호를 빠르게 읽어

부족한 부분을 채워주고 많은 애정 표현을 해주면, 아이는 엄마에 대한 믿음을 가지게 됩니다. 언제나 곁에서 사랑을 주고, 무슨 일이 있어도 자신을 지키고 지지해줄 사람임을 깨닫게 되는 것이죠. 이런 믿음은 부모와의 긍정적 애착 형성에 기여하고, 한 걸음 더 나아가 타인과도 건강한 관계를 맺을 수 있도록 한답니다.

36개월까지는 아이의 기본적인 욕구를 충실히 채워주기 위해 노력하는 것이 중요합니다. 물론 지나치게 위험한 행동을 허락하거나 떼를 쓰는 것까지 다 들어주라는 것은 아닙니다. 다만 앞서도 이야기했듯 그 시기의 아이는 부모 없이는 삶을 유지할 수 없답니다. 그렇기 때문에 부모에게 완벽히 의존하고 싶어 하고, 부모가 자신의 모든 욕구를 다 들어주기를 원해요. 그래야만 마음의 안정을 찾고, 부모에 대한 믿음을 가질 수 있게 됩니다. 만약 이 시기에 욕구가 채워지지 않으면, 아이는 성장 후에도 만성적인 공허감을 느끼게 된답니다. 그러므로 무리하지 않는 선에서 아이의 뜻을 따라주세요. 그러면 아이는 커다란 삶의 힘을 가지게 될 테니까요. 어떤 실패에도 좌절하지 않고 다시 일어나 도전할 수 있게 하는 믿음이라는 힘 말이에요.

이 책을 읽는 어머님 중, 이미 3세가 지난 자녀를 키우고 있는 분도 계실 거예요. '우리 아이는 36개월이 지났는데, 애착 관계를 형성하기에는 너무 늦은 건가요?' 하고 당황하지 마세요.

본능적으로 애착 관계를 형성하는 시기보다는 긴 시간이 걸리겠지만 지금도 늦지 않았거든요. 부모가 끈기와 애정을 가지고 노력하면 애착 관계는 늦게라도 형성할 수 있어요. 듣기 좋고 달콤한 말보다는 진심과 사랑을 담은 눈빛과 손길을 아이에게 주세요. 말보다 몸짓이 더 가슴에 스며드는 법이지요. 사랑스러운 눈빛과 다정한 손길로 아이에게 진심을 전하세요.

그리고 하루 일과 중 반드시 아이와 집중적으로 함께 하는 시간을 만드세요. 단 30분이어도 좋아요. 그 시간만큼은 다른 일을 하지 말고 오로지 아이에게 집중하세요. 엄마에게는 나보다 중요한 것이 많으니까 나에게는 집중할 여유가 없다는 생각을 하지 않도록 해주세요.

또 아이의 행동을 최대한 긍정적으로 생각하세요. 반 잔의 물을 보고 반이나 남았다고 좋아할지, 반 밖에 없다고 좌절할지는 마음에 달렸답니다. 똑같은 행동도 보는 사람의 마음이나 시각에 따라 달라 보일 수 있어요. 아이의 행동이 남다르거나 서투르다고 해서 혼내거나 답답해하지 마시고, 칭찬하고 격려주세요. 마지막으로 항상 아이의 입장에서 공감하고 이해하려고 노력하세요. 내 맘과 같지 않은 아이를 이해하기란 당연히 어려운 일이지요.

하지만 부모는 이미 어린 시절을 겪은 경험자이고, 아이는 아직 부모님의 나이를 살아보지 못한 미경험자랍니다. 조금만 자신의 어린 시절을 떠올려보면 충분히 아이의 마음을 이해할 수 있지 않을까요? 그러니 아이의 입장에서, 아이의 마음을 최대한 읽어주고 이해하며 받아들이려고 노력해보세요. 진심 어린 공감만이 불안정한 애착 관계로 어두웠던 아이의 마음을 환하게 만들어줄 수 있답니다.

지금 아이가 몇 살이든, 절대 늦었다고 생각하지 마세요. 감정코칭을 하면 심지어 모든 발달단계를 마친 노인이라도 변화할 수 있답니다. 바로 지금부터라도 감정코칭을 시작하세요. 엄마가 늘 곁에 있어줄 것이며 네가 어떤 사람이든 한결같이 사랑한다는 믿음을 주세요. 그 어떤 물질의 풍요도 사람을 행복하게 할 수는 없답니다.

오로지 사랑과 믿음이 삶의 바탕이 되어야, 사람의 마음에 빛이 찾아들고 진정으로 행복해질 수 있어요.

건강한 낯가림

대부분의 아이들은 생후 6개월이 되면 낯을 가리기 시작합니다. 엄마 외의 사람이 안아주려고 하면 악을 쓰며 울어대지요. 심지어 안아주려는 사람이 아빠나 할머니여도요. 그래서 엄마가 아닌 사람이 아이를 돌보기도 어렵고, 다른 이에게 잠시도 안기려고 하지 않아 엄마가 애를 먹기도 합니다. 왜 이전까지는 그러지 않다가 갑자기 낯을 가리며 엄마 품을 떠나지 않으려고 할까요?

낯가림은 본능이다
그것은 아이의 본능이 낯을 가리도록 만들기 때문이에요. 아이는 6개월 간의 발달 과정을 통해 엄마는 안전한 사람, 나를 지켜주는 존재임을 깨닫지요. 그리고 서서히 다른 사람, 다른 장소라는 외부 환경을 인지하기 시작하여 더욱 엄마를 찾고 낯을 가립니다. 이 무렵 아기는 자신을 보살피는 한 사람과 깊은 애착 관계를 맺어야 외부로부터 자신을 지킬 수 있고, 안전하게 살 수 있다는 사실을 본능적으로 압니다. 참 영리하지요? 그렇기 때문에 엄마 외의 사람이 다가오거나 자신을 안으면 본능적인 위협을 느껴서 울며 엄마를 찾지요.

따라서 생후 6개월 된 아기가 낯을 가리는 것은 당연한 일이고, 이는 아기가 신체적으로도, 정신적으로도 건강하다는 증거예요. 애착 형성이 잘 되었으며, 인지능력이 잘 발달하고 있다는 뜻이기도 하니까요. 그리고 아기의 낯가림은 사회성을 형성하는 데에도 중요한 과정이랍니다. 아이가 사람을 구별하여 낯을 가리고, 상대에 따라 좋고 싫음을 표현하는 과정을 거침으로써 대인관계에서 분별력을 가지게 되거든요. 더 중요한 사람과 그렇지 않은 사람을 구별할 줄 알게 되어 사람을 대할 때 분별력과 깊이를 가지고 대할 수 있지요.

그러니 '우리 아이가 왜 이렇게 낯을 가릴까? 내성적인 성격이라서 그럴까?' 하며 걱정할 필요는 없답니다. 오히려 아이가 6개월이 되었는데도 낯을 가리지 않고 아무에게나 잘 안기는 것이 더 위험한 일이에요. 누가 안아 들어도 방긋방긋 웃는 아이를 보며 '우리 아이는 낯을 안 가리네. 활달하고 씩씩한 아이인가 봐!' 하고 좋아하기 쉽지요. 그러나 이는 아이가 익숙한 사람과 낯선 사람을 구분할 줄 모르기 때문에 발생하는 일이랍니다.

아이에게 있어 생존을 좌우하는 일인 낯가림이 제대로 되지 않는다는 것은, 엄마와의 애착 관계 형성에 문제가 존재한다는 뜻일 수 있어요. 아이가 건강하게 낯가림의 시기를 보낼 수 있도록 엄마의 관심과 관찰이 필요합니다. 또한 낯가림의 시기는 앞서도 이야기했듯이 분별과 판단, 즉 인지능력이 발달하는 시기이기에 신뢰와 긍정적인 자아 형성에도 노력을 기울여야 하지요. 신뢰를 느끼고 있다는 것은 불신을 이해한다는 뜻이고, 이는 올바른 분별과 판단의 기준이 되니까요.

분리불안과
애착 관계

아이는 혼자서 할 수 있는 일이 없기에 신뢰와 불신의 대상을 구분하고, 생존에 위협을 가할 수도 있는 낯선 사람에게서 두려움을 느낍니다. 그러므로 엄마가 낯을 가리는 아이의 기분을 이해하고 공감해주어야 합니다.

엄마가 늘 곁에 있으며, 지켜줄 것이라는 확신을 아이에게 주어야 하지요. 특히 6개월부터 엄마와의 애착 관계가 본격적으로 형성되기 때문에, 이 시기에 아이의 낯가림을 이해해주지 못하면 애착 발달에도 문제가 생깁니다. 이 시기에는 가능한 아이를 혼자 두지 말고, 아이를 여러 사람이 돌아가며 돌보는 것도 최대한 피해야 합니다. 엄마 혼자 아이를 키우는 것이 현대에는 너무나 힘든 일이지만, 보호자가 짧은 간격으로 바뀌면 아이는 혼란스러워하고 분리불안을 느끼지요. 안 그래도 낯을 가리는데, 엄마가 자꾸 사라지고 다른 존재가 등장하면 아이는 얼마나 무섭고 불안할까요? 이 시기에 엄마와 갑자기 떨어지면 깊은 트라우마가 생깁니다. 그래서 분리불안과 애착 장애를 일으킬 확률이 높아지지요.

내 아이의 공포를 꼭 이해해주세요. 부득이하게 엄마가 키울 수 없는 상황이라면 양육자 한 명이 아이를 오랫동안 돌보는 것이 좋아요. 양육자가 자주 바뀌는 것은 좋지 않습니다. 이 시기의 아이에게는 나를 안전하게 지켜주는 사람이 무조건적으로 필요하답니다.

그렇다면 낯가림은 언제까지 갈까요? 보통 24개월이 지나면 아이가 혼자 움직일 줄 알게 되면서, 분리불안과 낯가림이 사라집니다. 낯가림 시기를 정상적으로 보내지 못했다면, 엄마와 떨어지지 않으려고 울며 떼를 쓰거나, 집에 혼자 있기를 극도로 무서워하게 되겠지요. 하지만 애착 관계가 정상적으로 형성되었다면 더 이상 낯을 가리지 않고, 혼자서도 집을 씩씩하게 볼 수 있습니다. 그러므로 엄마는 이 시기 동안 낯가림을 이해하고 공감하며, 아이가 안정감과 신뢰를 느낄 수 있도록 잘 돌봐주어야 해요. 한시도 떨어지지 않으려 보채는 아이로 인해 힘든 순간들도 많겠지만, 그 시기를 잘 견뎌내면 엄마와의 떨어짐에도 안정적으로 반응하는 독립적인 아이로 자랄 수 있을 테니까요.

아이의 감정 표현
받아주기

첫 뒤집기를 성공했다고 기뻐하던 것이 엊그제 같은데, 어느새 첫돌을 맞이하고 걸음마를 하게 되었습니다. 자기 힘으로 걸음마를 시작한 아이는 이제 자기주장 역시 펼 줄 알게 되지요.

첫돌부터 4살까지를 유아라고 부르는데, 이때의 아이는 울거나 웃기만 했던 이전과 달리 다양한 감정 표현을 하게 됩니다. 그러나 아직 언어와 감정의 발달 과정 속에 있기 때문에 완전한 표현을 할 줄은 모른답니다. 주로 간단한 단어나 몸짓으로만 감정 표현을 하는데, 이때 아이의 감정 표현을 잘 읽어주어야 합니다. 유아는 표현이 서툴기 때문에 주의를 기울이지 않으면 감정을 놓치기가 쉬워요. 엄마가 자신의 감정을 알아주지 못하면 아이는 스스로 감정을 인식하고 해결하는 데 어려움을 느끼거든요.

미운 세 살과
감정코칭

미운 세 살이라는 말이 있지요. 이때의 아이는 고집부리기의 연속입니다. 엄마가 도와준다고 해도 거부하고, 뭘 하자고 하면 "싫어!"부터 나오지요. 무엇이든 자기 물건이라 우기기도 하고, 또래 아이들과 다투는 일도 잦습니다. 아이를 이해하기 힘들고, 때로는 참기 어려울 정도로 분노가 치솟기도 합니다. 그래서 때리거나 소리를 지르는 등, 잘못된 훈육을 하기 쉽지요. 이럴 때 엄마는 침착하게 감정코칭을 시도해야 합니다.

아이는 혼자서 걷게 되면서 엄마와 분리가 되고, 독립심이 생겨납니다. 신체적으로는 물론, 인간으로서도 홀로 서는 연습을 시작하지요. 그 첫걸음이 바로 '싫어!' 하고 반항하는 것이에요. 밥을 먹자고 하면 싫다고 떼를 쓰고, 심지어 놀자고 해도 싫다고 외치지요. 곤혹스럽고 화날 만한 반응이지만, 아이에게는 아주 중요한 일이랍니다. '싫어!'라는 아이의 외침에는 '내가 결정할게'라는 뜻이 담겨 있기 때문이지요.

엄마가 해주는 것에 무조건 순응하기를 거부하고, 스스로 판단하고 결정하려는 독립의 욕구입니다. 물론 부모의 관심을 끌기 위한 행동이기도 하고, 정말 싫다는 뜻의 표현이기도 하지요. 엄마는 이 차이를 세심하게 읽어주어야 한답니다. 아이의 '싫어!'가 어떤 의미의 '싫어!'인지 잘 살펴보세요.

아이가 '싫어!'만큼 많이 하는 말이, '내가 할 거야!'인데요, 아이가 스스로 하겠다며 엄마의 도움을 거부하면, 되도록 아이가 혼자 하게 내버려두는 것이 좋아요. 위험한 일이 아니라는 전제하에서요. 하지만 그게 어디 쉽나요? 저렇게 음식을 질질 흘리며 먹는데, 세월아 네월아 하면서 신발을 신는데, 단추를 엉망진창으로 채우는데 말예요.

이때, 엄마가 보다 못해 혼을 내거나 참견하면 아이는 수치심을 갖지요. 자신의 욕구를 거절당했다고 느끼는 데서 오는 감정입니다. 이런 일이 반복된다면 아이는 독립심을 잃고 지나치게 순응적인 사람으로 성장하거나, 반대로 반발심이 생겨 모든 일에 반항적인 사람으로 자라게 됩니다. 어른인 엄마가 보기에는 늦고 서투른 아이가 답답하겠지요. 그러나 아이는 지금 두 다리를 땅에 튼튼하게 딛고 선, 독립된 한 사람으로 성장하기 위한 과정을 겪는 중이랍니다.

아이에게 기회를
갖게 해주기

어떤 일이든, 완벽하게 해내기 전에는 시행착오가 여러 번 따르는 법이지요. 그러므로 따뜻한 시선으로 아이를 바라보며, 조금 답답하고 느리더라도 혼자서 해낼 수 있도록 기회를 주세요. 아이는 혼자서 작은 일들을 해내면서 크고 작은 성취감을 느끼는데, 이는 아이를 더욱 끈기 있고 강한 사람으로 만들어주는 원동력이 될 테니까요.

이때의 아이는 독점욕이 강해, 모든 물건을 다 제 것이라고 우기지요. 이게 참 골치 아픈 일입니다. 친구의 물건도 제 것이라 우기고, 도서관에 있는 책도 가져가겠다고 하지요. 동생에게 물건을 빌려주지도 않고, 오히려 동생의 물건을 뺏으려고 애를 쓰기도 하고요.

'내 아이가 왜 이렇게 이기적이고 못됐지?' 하는 생각이 들 수 있지만, 사실 아이는 이제 막 '내 것'의 개념을 배운 단계에 있습니다. 조금 과장해서 말하자면 '내 인생은 나의 것. 그러므로 내 인생은 내가 결정해야 한다'는 사실을 깨닫는 중인 거예요. 삶의 주인이 되기 위한 기반을 닦는 과정이라고나 할까요?

그러나 아직 유아는 자기중심적인 사고방식이 강해서 '네 것'의 존재는 잘 알지 못하지요. 때문에 아이는 남의 물건도 공공의 물건도 다 제 것이라고 우기는 거예요. 이때 대부분의 엄마는 버릇을 고치겠다고 크게 야단을 치지요. 그것은 좋지 않습니다. 아이는 아직 '내 것이 아닌 네 것도 있다'는 인식이 없기에, 당연한 내 것을 남에게 빼앗긴다는 생각이 들어 속상해하고 서러워할 뿐이지요. 그렇다고 무조건 '그래그래, 네 거야' 하면서 아이에게 주는 것도 옳지 않습니다. 자기중심적인 사고방식에서 벗어나지 못하고 그대로 성장할 수 있으니까요.

아이가 물건을 가지고 고집을 부리는 상황에서 엄마는 우선 아이의 감정을 읽어주는 감정코칭을 시도해야 합니다. 아이에게는 당연히 짜증나고 억울한 상황이므로 그 속상한 기분을 읽어주는 것이지요. 아이의 기분에 동조해주면, 아이도 엄마에게 유대감을 느끼므로 엄마의 조언이나 권유를 조금 더 잘 받아들일 수 있습니다.

유아기에는 감정 표현을 하는 데 큰 어려움을 느끼므로 엄마가 아이의 감정 표현을 도와주는 것도 좋은 방법입니다. 아이가 우선 감정을 드러내면 '화가 났구나', '지금 슬프구나' 하고 읽어서 말을 해주는 것이 좋아요. 아이의 행동과 감정을 연결 지어 말해주는 것도 좋습니다. '물건을 던지다니, 화가 많이 난 모양이구나' 이런 식으로요. 그러면 아이는 자신의 감정과 행동의 연관성을 알게 됩니다. 그리고 아이의 말을 표면 그대로 해석하지 마시고, 아이의 감정을 구체적으로 알기 위해 다양한 질문을 해보세요.

두루뭉술하게 '지금 기분이 어떠니?'라고 물으면 아이는 아직 기분을 명확하게 표현할 줄 몰라서 제대로 대답할 수 없답니다. 구체적인 질문이 중요하지요. 그 과정에서 명령은 되도록 피하시고요. 명령하면 아이의 감정도 읽기가 어려워집니다. '지금 화가 난 거니?' 하는 식으로 양자택일의 질문을 하면 아이가 대답하기는 편하지만 둘 중 하나로만 대답이 한정되므로 아이의 욕구를 정확히 알기 힘들어집니다.

아이가 감정 표현을 어려워한다면 놀이로 감정을 표현하게 해주는 것도 좋습니다. 감정을 그림이나 몸짓으로 표현하도록 도와주는 것도 좋고요. 장난감이나 인형으로 기분을 표현하도록 해주면 아이가 자신의 기분을 곰곰이 생각하고 재미있게 표현하는 법을 배울 수 있습니다.

  이때, 엄마가 나서서 인형이나 장난감을 들고 놀이를 주도하면 아이는 감정 표현 놀이에서 소외되는 기분을 느끼고 자신의 감정을 표현하는 것도 어려워하게 됩니다. 아이의 마음을 거울처럼 읽어주고 대화의 물꼬를 트는 데 집중해주세요.

  미운 세 살 시기는 엄마의 인내심이 어느 때보다 많이 요구되는 때입니다. 인내심과 끈기를 가지고, 아이의 마음에 다가가 감정코칭을 해주세요. 아이의 마음을 읽으면 엄마도 대응하기가 편해지고, 아이도 엄마가 자신의 기분을 알아주니 엄마의 말을 조금 더 잘 따르게 된답니다.

유대감을 높이는
대화의 기술

아이와 어떻게 대화를 나누세요? 건강하고 유익한 방법으로 대화를 하고 계신가요? 아이와 이야기를 하는 데에 많은 시간을 할애하고, 관심을 기울여 많은 질문을 던지고 있다고요? 자신의 지혜를 아이에게 잘 알려주기도 하고요? 그렇다면 참 좋은 일이지요. 그러나 그 대화 속에서 정말 제대로 된 감정이 오고가는지, 엄마와 아이의 유대감이 깊어지는지 한번 들여다보세요.

유대감을 만드는
대화

대화가 중요하다는 것은 많은 부모님이 알고 있는 사실입니다. 그래서 엄마들이 아이에게 '오늘 무엇을 배웠니?'라고 질문하거나, '요즘 힘든 일은 없니?'라며 관심을 보이기도 해요. 책에서 본 좋은 이야기를 들려주기도 하고요. 하지만 진정으로 유익하고 좋은 대화는, 쌍방향으로 감정이 오고가야 한답니다.

아이의 이야기를 듣기만 할 뿐, 엄마의 이야기를 들려준 적이 있는지 한번 떠올려 보세요. 일방적으로 질문하고 답을 듣기만 한다면 제대로 된 소통이라고 볼 수 없지요.

또, 좋은 의도로 시작한 이야기가 '훌륭한 사람이란 늘 정직하고 무엇이든 최선을 다 하는 사람이란다'와 같은 뻔한 설교가 되기도 하지요. 아니면 일방적으로 혼을 내기도 해요. 아이를 위한 일이라고 생각하면서요. 그러나 그럴 때마다 아이의 속내가 어떠할지 생각해보신 적 있나요? 아이의 생각과 반응에 상관없이 내 이야기만 해주는 것 또한 일방적인 소통이지요.

오고가는 것이 없으면 아무리 대화를 해도 유대감이 생기지 않는답니다. 유대감이란 무엇인가요? 서로 밀접하고 가깝게 연결되어 있는 느낌을 말하지요. 좋은 관계를 만들기 위해서는 반드시 필요한 것입니다. 그런데 이처럼 유대감을 떨어뜨리는 대화가 반복되면 아이는 엄마와의 대화를 꺼리게 됩니다.

우리 주변에는 대화가 잘 통하는 사람이 있는가 하면, 대화가 도통 통하지 않는 사람도 있지요. 대화가 잘 통하는 사람과 이야기를 하다보면 나도 모르게 '어머, 맞아. 나도 그런 적 있었어!' 맞장구를 치며 공감대가 형성되고, 상대방과 깊은 유대감을 갖게 되잖아요. 그리고 상대방이 괜히 더 좋아지고, 더욱 가까워지고 싶은 기분도 들고요. 또 내 안의 깊은 얘기, 아무에게도 하지 않고 숨겨두었던 얘기도 어느새 꺼내 보일 수 있지요. 그때의 후련함과 카타르시스는 달리 말로 할 필요가 없죠.

반면, 대화가 잘 통하지 않는 사람은 어떤가요? 아무리 길게 이야기를 나누어도 대화가 겉도는 것 같고, 자꾸만 헛짚게 되죠. 이 사람이 내 얘기를 듣고 있긴 한 건가 싶고요. 그런 일이 반복되면 점점 대화가 지루하고 피곤해지고, 딱히 가까이 하고 싶지 않은 기분이 들지요. 그 사람이 말을 걸까 봐 피하기도 하고요. 아이들도 마찬가지예요. 엄마와 대화가 잘 통하면 더 많은 이야기를 나누고 싶지만, 일방적인 대화만 이어진다면 점점 대화를 기피하겠지요.

왜 이런 일이 생기는 것일까요? 대부분의 엄마들이 표면적인 대화만 건넬 뿐 아이의 진심을 이해하려 노력하지 않기 때문이에요. 또 아이에게 자신의 이야기를 잘 들려주지 않기도 하고요. 예를 하나 들어볼게요. 학교에서 아이가 잔뜩 화가 나서 돌아왔습니다. 문을 열자마자 "나 이제 학교 안 갈 거야!"하고 성을 내지요. 엄마는 가슴이 철렁 내려앉아 질문합니다.

"오늘 학교에서 무슨 일 있었니?"
"애들이 내 이름 가지고 놀리잖아! 나 이제 학교 안 가!"

그러면 엄마는 맥이 탁 풀립니다. 아이들끼리 이름을 가지고 놀리는 장난이야 흔한 것일 텐데, 기분이야 나쁠 수 있어도 학교를 안 가겠다고 하다니요.

"그게 무슨 소리야? 친구가 놀린다고 학교를 안 가다니. 그렇게 작은 일로 호들갑을 떨면, 더 큰 일을 겪으면 어쩌려고 그러니? 숙제나 해! 학교에 가고 싶어도, 형편이 안 되는 아이들이 얼마나 많은 줄 아니?"

그러나 아이는 더욱 서러워집니다. 엄마만은 내 말을 이해해주리라 생각했는데, 도리어 혼이 났으니 말이에요.

"됐어. 엄마는 내 마음 몰라! 내가 잘못한 것도 아닌데, 엄마는 만날 나만 뭐라고 그래!"

엄마로서는 황당한 노릇이지요. 옳은 소리를 했는데 왜 저럴까 싶기도 하고요. 사실 이성적으로 생각해보면 엄마의 말이 옳은 경우가 더 많지요. 엄마는 아이보다 세상을 오래 살아왔고, 아이에게는 처음인 일들도 이미 겪어본 경험이 있으니까요. 그러나 아이는 이미 감정이 앞서 있는 상태이기에, 그저 서럽고 속상할 뿐입니다. 어른의 이성적인 말을 다 받아들이기에는 아직 어리고 미숙한 상태니까요. 때문에 엄마가 부당하게 자신을 혼낸다고 생각하게 됩니다. 이런 일이 계속되면 아이와 엄마 사이의 공감대가 사라지고, 긴밀한 유대감의 형성이 어려워집니다.

감정을 이해해주는 엄마

이제는 아이의 감정을 먼저 읽어주세요. 학교에 가기 싫다는 말까지 받아들이고 이해하는 모습을 보이면 아이도 속마음을 더욱 털어놓고 싶어집니다. 감정을 이해해주는 엄마와 더 속 깊은 이야기를 나누고 싶어지는 것이지요. 그러면 엄마는 열심히 고개를 끄덕이며 아이의 감정에 진심으로 공감해주어야 해요. 엄마가 건성으로 들으면 아이는 자기 얘기를 듣고 있지 않다는 사실을 금방 눈치챈답니다.

아이가 속상한 일을 털어놓았을 때 공감을 표현한다고 엄마가 도리어 흥분하거나 화를 내는 것도 금물이에요. 예를 들면 '아니 그런 일이 있었단 말이야? 친구가 널 괴롭혔다고? 걔 이름이 뭐니? 어서 말해. 엄마가 걔 혼내줄게' 이런 반응 말이지요. 엄마의 격앙된 반응에, 아이는 제풀에 놀랍니다. 일을 크게 키웠다는 생각이 들어 당황스럽고 초조해지지요. 공감이 아니라 추궁당한다고 받아들여 '내가 잘못했나보다' 하고 움츠러들지요. 아이의 이야기를 끝까지 잘 듣고, 엄마가 느끼는 감정을 차분하게 이성적으로 차근차근 전달해주는 요령이 필요합니다.

엄마는 내 편

　　　　　　　엄마도 같은 경험을 한 적이 있다는 사실을 알려주는 것도 좋은 방법이지요. 그것만으로도 아이는 화가 누그러지게 됩니다. 슬픔은 나누면 반이 된다고 하잖아요. 자신과 같은 경험을 했다는 사실만으로도 아이는 엄마를 더욱 가깝게 느끼지요. 어른인 우리도 그렇지 않나요? 상대가 자신과 비슷한 경험을 했다는 것을 알면 마음의 간격이 단번에 좁아지잖아요. 아이 역시 마찬가지랍니다. 마냥 멀고 다르게 느껴졌던 엄마가 나를 이해해줄 뿐만 아니라 나와 같은 경험까지 했다니, 공감대가 형성되고 유대감이 생깁니다. 엄마가 내 편이 된 것 같아 마음도 든든해지고요.

　아이는 엄마가 한때는 저와 같은 아이였다는 사실을 잘 모릅니다. 사실 우리도 그렇잖아요. 친정엄마에게 나와 같은 시절이 있었다니, 엄마가 나와 같은 단계를 거쳐 엄마가 되었다니, 참 낯설고 신기했던 순간이 있었을 거예요. 아이는 그처럼 엄마는 태어날 때부터 엄마였다고 생각하는 경우가 많아요. 저도 어릴 때는 할머니가 날 때부터 할머니로 태어나, 할머니의 역할을 하며 살아온 줄로만 알았던 걸요. 그래서 아이는 엄마가 내 기분을 이해하고, 엄마와 공감대를 형성할 수 있다는 것을 잘 모른답니다. 그러니까 엄마에게 제 기분을 솔직히 말하지 않는 경우가 많지요. 그런데 엄마가 자신의 경험을 말해주고, 어린 시절 이야기를 들려주면 아이는 엄마를 친구처럼 가깝게 느끼고 마음속 깊은 이야기도 쉽게 털어놓을 수 있습니다.

 문제의 해결방안은 아이가 엄마와 공감대를 형성하고 유대감을 느끼고 난 뒤에 함께 모색해야 합니다. 마음이 진정되지 않은 상태에서는 아무리 좋은 방안을 말해줘도 다그치는 것 같아 서운하기만 하거든요. 먼저 엄마는 같은 상황에서 어떤 감정을 느꼈고 어떻게 해결했는지 이야기를 들려주고 난 뒤, 아이의 생각을 물어보세요. 또는 엄마처럼 해결할 생각은 없는지 물어보세요. 그러면 아이는 화가 가라앉고 마음이 풀어져 이성적으로 해결방안을 택할 가능성이 높아진답니다.

 어때요? 현명한 방법이라고 생각되지 않나요? 쌍방향 소통으로 공감대를 형성하고 유대감을 갖게 되면, 아이가 일상의 사소한 갈등과 분노를 현명하게 해결할 수 있지요. 그리고 아이와 엄마의 의사소통도 원활해집니다. 엄마와 '말이 통한다'고 생각하기 때문이지요. 의사소통이 수월하면 엄마와 갈등을 빚을 일도 적어지고, 갈등이 생겨도 쉽게 풀 수 있습니다. 또한, 아이가 갈등을 이성적으로 해결하는 습관을 가져 성숙하고 차분한 사람으로 성장하게 되지요. 처음에는 어색하고 어려울 수 있지만, 건강하게 감정을 주고받는 대화를 여러 번 연습해보세요. 반드시 긍정적인 변화를 눈으로 확인할 수 있을 거예요.

 무엇보다 유대감은 아이와 엄마의 관계를 건강하고 따뜻하게 만들어준답니다. 아이가 엄마는 '날 이해하지 못하는 사람'이라고 생각하면 엄마와 말을 섞지 않으려고 할 뿐만 아니라, 믿음과 애정을 갖지 못해 결국 엄마와의 관계가 틀어지고 말지요. 반면 엄마와 유대감을 충분히 형성한 아이는 엄마를 믿고 따르고, 정말 가깝고 편한 사람이라고 느낍니다. 부모자식 간의 관계에서 이보다 좋은 일이 있을까요? 그러니 가끔은 아이와 대화를 나눌 때 어린 시절 이야기를 들려주세요. 사랑하는 내 아이야, 엄마도 한때는 너와 같은 아이였단다, 하고요.

발단 단계별 아이의 마음 다루기

동물과 인간은 여러모로 다릅니다. 특히 성장속도에서도 상당한 차이를 보이지요. 대부분의 포유류는 태어나자마자 걸을 줄 아는 반면, 사람이 태어나서 걷는 데에는 1년이나 걸립니다.

 동물은 태어나자마자 어미와 의사소통이 가능한데요, 사람은 엄마, 맘마를 말하는 데 꼬박 1년이 걸리지요. 즉, 동물은 날 때부터 어미를 따라다니고 알아서 젖을 찾아 빨며 의사소통을 할 수 있지만, 인간은 태어나서 1년 동안은 꼼짝없이 누군가가 알아서 해주지 않으면 생존할 수 없어요. 고개를 가누지 못하여 받쳐주고, 젖도 물려줘야 합니다. 기저귀도 갈아줘야 하고요. 말하자면, 사람은 태어나는 것이 아니라 만들어진다고 할 수 있겠네요. 1년 동안 아기는 혼자서 아무것도 못하기 때문에, 누군가의 보살핌으로 만들어지는 거죠.

두려움을
다루는 법

　　　　　　　　　인간은 원초적으로 두려움을 가지고 있습니다. 살아남지 못할 것 같다는 두려움, 혼자서는 아무것도 하지 못한다는 외로움, 누가 나를 돌봐주지 않으면 죽을지도 모른다는 공포를 사람은 날 때부터 가지고 있는 것이지요.

　다양한 감정은 인생이 재미있으라고 있는 게 아니라 생명을 지키기 위해서 있는 것이에요. 위험하면 부정적인 감정을 느끼게 하여 위험에서 피하게 하고, 안전할 때에는 긍정적인 감정을 느끼게 하여 안전한 곳에 있게 만들지요. 아기가 배가 고프거나 배변을 하면 울음을 통해 돌보아달라고 호소하는 것 역시 생존의 본능에서 비롯된 행동이에요. 엄마는 아이의 이런 공포를 이해하고 어루만져주어야 해요.

　신생아일 때뿐만 아니라, 성장한 이후에도 사람은 늘 공포를 느낀답니다. 성장하면서 마음속 깊은 곳에 원초적인 두려움을 안고 있는 거지요. 성장 시기에 따라 아이들 내면에 지닌 공포와 두려움은 약간씩 차이를 보입니다. 이를 에릭 에릭슨(Erik H. Erikson)의 발달단계에 맞추어 살펴볼까 해요.

　발달 심리학자 에릭슨은 인간의 정신적 성장을 8단계로 나누어, 이를 심리사회적 발달 단계라고 불렀어요. 출생 후 1년은 성장발달의 1단계인데, 이 시기에는 엄마가 아이를 언제나 지켜줄 것이라는 믿음을 주어야 한다고 강조하였습니다. 생존을 위협하는 공포에 시달리는 때이므로 엄마가 아기의 신체적, 심리적 욕구를 적당한 시기에 알맞게 채워줘야 한다는 뜻이지요. 갓 태어난 아이에게는 엄마가 세상의 전부이고 삶의 근거지입니다. 이때 엄마가 아이의 공포를 이해하지 못하고 혼자 내버려두거나 젖을 늦게 주는 일이 반복되면 아이는 엄마가 자신을 지켜주지 못하는 존재라고 생각하고, 세상에 대한 공포와 의심을 가집니다. 생존에 대한 불안감이 더욱 증폭되지요.

 이 시기의 신뢰감은 살면서 맺는 모든 관계의 밑거름이 되는데, 엄마가 믿음을 충분히 주지 못하면 아이는 살면서 사람을 신뢰하지 못합니다. 그리고 애착 관계의 불안은 분리불안증을 불러일으켜 심리가 매우 불안정해지는데요, 이것이 해결되지 않으면 평생 동안 삶의 곳곳에 영향을 미칩니다. 분리불안증과 함께 찾아오는 분노나 수치심 같은 파괴적인 감정은 사회적 소외감, 정서적 박탈감 등으로 이어져요. 이는 어른이 되어서도 관계 형성에 어려움을 주고 자아실현에도 나쁜 영향을 미칩니다. 그래서 애착 관계가 중요한 것이지요.

 제 2단계는 아이의 자율성과 수치심이 대립하는 시기예요. 스스로 외부 세계를 탐색하기 시작한 아이는 자신의 몸을 어느 정도 가눌 줄 알게 되면서 뭐든지 혼자서 하려고 들고, 엄마의 말에 반항하며 자신의 의지를 표출하지요. '싫어!', '안 해!', '내 거야!', '내가 할 거야!' 이런 말을 많이 하는 때입니다. 그런데 이때, 엄마가 아이의 자율성을 방해하면 아이는 수치심을 느낍니다.

예를 들면 이 시기에 아이는 엄마가 밥을 먹여주는 것을 거부하고 혼자 먹겠다고 하는데요. 아직 근육이 다 발달하지 않았고 익숙하지 않아 당연히 음식을 질질 흘리면서 먹지요. 그러면 엄마가 입가에 묻은 것이며 식탁에 흘린 음식을 다 닦고, 옷까지 빨아야 하지요. 그리고 시간도 많이 걸려 엄마 마음이 급해져요. 그래서 아이의 숟가락을 빼앗아 억지로 먹여주려고 합니다.

그러나 혼자 해내려는 게 답답해 대신 해주거나, 아이의 저항을 억누르면 아이는 '내가 엄마에게 답답해 보이는구나', 좋게 보이지 않는구나' 하는 생각이 들어 공포심이 형성된답니다. 이 정도도 못한다는 수치심과 자신의 능력에 대한 회의감까지 느끼지요.

다른 사람이 나를 지배하고 이용하려 한다고 생각하고, 결국 사람을 불신하게 됩니다. 아이의 심리사회적 발달에 상당히 나쁜 영향을 미치지요. 이런 일이 반복되면 아이는 엄마가 대신 해주는 것에 순응하고, 나이가 들어도 엄마가 도와주기만 기다리는 수동적인 사람이 됩니다. 무엇이든 스스로 할 수 없다고 생각하기 때문이지요. 이는 당연히 학습에도 영향을 준답니다. 나는 공부를 잘할 수 없다고 생각해 공부에 흥미를 갖지 못합니다. 그리고 학습에서도 수동적인 태도를 지니기 때문에 호기심을 갖거나 적극적으로 학습을 하려고 들지도 않지요.

이 시기에는 위험하거나 나쁜 행동이 아니라면 아이가 스스로 할 수 있도록 격려해주는 것이 좋아요. 엄마가 나를 믿어주고, 나의 의사를 쉽게 묵살하지 않는다는 믿음을 갖게 해주어야 해요. 그리고 법과 질서에 의한 행동을 스스로 배우도록 도와주어야 합니다. 그러면 아이는 자율성이 높아지고 사회적 규칙도 잘 지키며, 사회적 응력도 좋아집니다. 이는 학습으로도 이어져, 자율적으로 자신감을 갖고 학습할 수 있게 된답니다.

제 3단계는 3~6세 때입니다. 이때는 아이가 자신의 세계를 구성하기 위해 주도적으로 행동에 나섭니다. 놀이를 통해, '나는 궁극적으로 완전한 인간이 되어야 한다'는 목적을 깨닫는 시기라고 볼 수 있지요. 몸을 더 자유롭고 활발하게 움직이는 것을 배워, 몸의 완전한 주인이 되고 싶어 하지요. 이러한 목적을 갖고 놀이를 하므로, 자신의 세계를 구성하는 것에 책임의식까지 느끼고 놀이를 하는 것이라 볼 수 있겠네요. 마냥 노는 것으로만 생각했는데, 대견하지 않나요? 이때는 혼자서 할 수 있도록 격려하여 주도성을 키워주는 것이 중요해요. 놀이의 규칙을 스스로 발견할 수 있도록 도와주거나, 혼자서도 다양한 탐구를 할 수 있도록 도와주어야 합니다.

이 시기에는 실패를 통해 배우는 것도 나타날 무렵이므로, 아이의 실패를 염려하여 엄마가 나서서 아이의 놀이나 행동을 도와주는 것은 좋지 않습니다. 익숙하지 않은 일을 스스로 연습할 수 있도록 해주는 것도 중요하지요. 이 시기의 놀이 방식은 학습 방식에도 영향을 준답니다. 스스로 게임 규칙을 발견하고, 다양한 현상과 놀이 과정을 탐구하고, 몸에 익을 때까지 혼자서 연습하는 습관이 바로 학습 습관으로 이어집니다.

　반면 아이에게 혼자서 할 수 있는 기회를 주지 않고, 지나치게 엄격하게 혼을 내거나 아이의 행동을 제한하면 아이는 죄책감을 느끼고 자신의 능력을 의심하게 됩니다. 능력 부족에 대한 공포에 시달리는 것이지요. 자신감이 떨어진 아이는 공부를 할 때도 자신감이 없고, 공부에 흥미조차 느낄 수 없게 되므로 많은 응원이 필요합니다.

　제 4단계는 6세부터 12세까지, 즉 초등학교를 다니는 아동기에 이루어집니다. 아동기 이전의 아이들은 자신의 즐거움을 위해 행동하고 자신의 세계를 구성하기 위해 행동합니다. 그러나 이 시기에 접어든 아이는 타인의 존재를 명확히 인식하고, 사회성이 발달하기 때문에 '칭찬 받고 싶다'는 마음이 생겨요. 그래서 근면성이 눈에 띄게 발달하지요. 학교에서도 열심히 하려고 노력하고, 선생님이나 엄마가 칭찬해주면 기뻐서 더 잘하려고 애를 씁니다. 칭찬과 격려를 중심으로 아이를 가르치면 발전적인 학습 태도를 갖게 되지요.

　칭찬 받고 싶다는 마음 이면에는 인정받지 못하는 것에 대한 두려움이 있어요. 이 시기의 아이가 다른 아이들을 놀리면서도 정작 자신이 놀림 받는 데에 예민한 것도 그 때문입니다.

아동기에는 열심히 하는 아이의 모습을 많이 칭찬해주어야 해요. 그리고 아이가 다소 못하더라도 결과를 놓고 혼내는 것은 좋지 않습니다. 실패에 예민하고 실패를 두려워하기 때문에, 아이가 실패한 것을 두고 혼내면 열등감이 생깁니다. 아이가 자신의 능력이나 지위가 친구들에 비해 부족하구나, 열등하구나 하고 느끼면 열심히 공부하고, 새로운 것에 도전하려는 용기를 잃어버리지요. 그것은 아이의 행동이며 학습에도 나쁜 영향을 끼칩니다. 열심히 노력한 과정을 칭찬해주고 격려해주어야 아이가 잘하지 못해 인정받지 못하는 두려움을 극복할 수 있어요.

아동기가 지나면 사춘기에 들어서는데, 이 시기는 정체성을 찾기 위해 부단히 애를 쓰는 때지요. 자신의 불확실한 정체성에 대한 두려움으로 많이 예민해지는 시기랍니다. 이때도 아이의 공포를 잘 이해해주어야 마음이 평온해지고 공부도 안정적으로 할 수 있답니다. 이처럼 아이는 공포와 끊임없이 투쟁하고 대면하며 성장합니다.

작고 여린 몸에 이런 강인함이 있다니, 참 대견하고 예쁘지요. 엄마는 아이가 성장하는 내내 느끼는 두려움을 잘 알아주어야 합니다. 그래야 아이의 행동을 이해하고, 잘못된 야단을 치지 않을 수 있지요. 엄마가 아이의 공포를 꼭 안아주면 아이도 정서적으로 안정을 느끼며 자랄 수 있고, 공부할 때에도 발전적이고 도전적인 태도를 가질 수 있답니다.

공부도
마음이다

아이,
제대로 알기

내 아이에 대해서 얼마나 알고 계세요? 정말로 제대로 알고 계신 가요? 감정코칭을 하기 전에 아이를 먼저 알아야 감정코칭이 쉬워집니다. 지피지기면 백전백승(知彼知己百戰百勝), 적을 알고 나를 알면 반드시 승리하는 법이니까요. 물론, 아이가 적은 아닙니다. 그러나 감정코칭을 성공하려면 무엇보다 내 아이를 잘 알아야 하는 것은 당연한 이치겠지요. 아이에 대한 이해 없이 감정코칭을 시도하면 실패할 확률이 높아요. 그래서 우리는 감정코칭을 시도하기 전에, 내 아이의 기질부터 파악해야 합니다.

기질은
타고난다?

기질이라는 말, 많이 들어보셨겠지요. 우리 일상에서 흔히 쓰는 말이잖아요. '걔는 참 낙천적인 기질이 있어', '너는 예민한 기질을 타고난 것 같아' 이런 식으로요.

　기질이 무엇인지 말해보라고 하면 구체적으로 분명하게 대답하기는 어렵지만, 막연하게 '기질이란 타고나는 것'이라는 느낌이 들지 않나요? 맞아요. 기질이란, 태어나기 전부터 정해져 있는, 타고난 성향을 말해요. 모든 사람은 타고난 기질이 있답니다. 내 아이도 마찬가지로, 타고난 기질을 분명히 가지고 있지요.

　기질이란 타고나는 것이기 때문에, 절대 변하지 않는답니다. 그런 점에서 환경이나 훈육 방식 등의 영향을 받아 여러 가지로 변화가 가능한 성격과는 다르지요. 기질은 성격이 형성되기 전인 신생아일 때부터 차이를 보이기 때문에 유전을 통해 생물학적으로 결정된다고 보고 있어요. 그래서 엄마는 아이의 기질 자체를 바꾸려고 해서는 안 돼요. 내 아이의 기질이 어떻든 간에, 그대로를 인정하고 받아들이는 것이 중요해요.

　앗, 그렇다고 내 아이가 살아갈 삶의 틀까지 정해져 있다고 단정 지어서는 안 돼요. 기질은 분명 타고나지만, 기질로 인생이 결정되지는 않는답니다.

　기질은 말 그대로 선천적인 특징일 뿐이니까요. 주변 환경과 훈육 방식, 교육이나 문화 등 다양한 경험을 통해 성격이나 사고방식은 얼마든지 변화가 가능하고 삶 역시 다양한 모습을 가질 수 있답니다. 기질이 다르다는 것은 같은 상황에서 자신의 기질에 따라 다르게 반응한다는 뜻이에요. 그러므로 내 아이의 기질에 맞춰서 육아를 하고 감정코칭을 시도해야 한답니다.

여러 가지 기질

기질에 대해서는 이미 많은 연구가 이루어졌어요. 그만큼 분류하는 방법도 다양하답니다. 가장 유명한 분류법 중 하나는 제롬 케이건(Jerome Kagan) 박사의 고반응적 기질, 저반응적 기질이에요. 아이가 낯선 자극에 얼마나 민감하게 반응하느냐에 따라 기질이 두 가지로 나뉜다는 말이지요. 이 책에서는 이보다 조금 더 알기 쉽고 구체적인 토마스 박사와 체스 박사의 분류법을 알아보도록 하겠습니다.

의학박사인 알렉산더 토마스(Alexander Thomas)와 스텔라 체스(Stella Chess)는 아이의 기질을 세 가지로 분류했어요.

순한 아이

전체의 40%를 차지하는 순한 아이. 기질이 순하고 고분고분하기 때문에 육아에 큰 어려움이 없지요. 순한 아이는 대체로 엄마를 힘들게 하는 일이 없어요. 주는 대로 밥도 잘 먹고, 잠도 보채지 않고 잘 자기 때문에 손이 많이 가지 않아요. 잘 울지도 않고, 낯선 사람을 보아도 잘 웃는 등 기본이 긍정적이랍니다.

새로운 것에도 잘 적응하고 혼자서도 씩씩하게 잘 놀아요. 순한 만큼 삶의 좌절 앞에서도 잘 순응하고 크게 부정적인 반응을 보이지 않지요.

기질적으로 순한 아이는 커서도 반항하는 일이 드물다고 합니다. 엄마 말도 잘 듣고, 비교적 모범적인 아이로 자랍니다. 학교에 가서 말썽을 부리는 일도 잘 없지요. 시키는 일은 모두 고분고분하게 잘 하고, 싫은 일이 있어도 참고 견딜 줄도 알고요.

많은 엄마들이 내 아이가 순하기를 바랄 거예요. 그리고 순한 아이의 엄마는 대부분 아이의 순한 기질에 매우 만족합니다. 말도 잘 듣고, 반항하는 일도 없고, 엄마와 트러블도 겪지 않아서 엄마로서는 내 아이가 무탈하게 자라고 있다는 생각이 들어 흡족한 거지요.

그러나 순한 아이일수록 엄마가 실수하기 쉽답니다. 싫은 것도 참아가며 고분고분 따르기 때문에 엄마는 아이에게 별다른 문제가 없다고 생각하지요. 야단이나 체벌도 묵묵히 참는 아이가 대견하게만 느껴질 겁니다. 그래서 아이의 마음에 큰 관심을 기울이지 않게 되지요. 아이가 상처를 입어도 겉으로 내색을 하지 않으니 엄마는 아이의 상태를 제대로 파악하지 못한 채 육아를 하는 경우가 많아요. 그러나 이것이 지속되면 엄마가 모르는 사이 아이는 마음의 병을 앓게 됩니다. 엄마와 아이의 관계에도 깊은 골이 생기게 되고요.

엄마는 말 잘 듣는 아이가 무조건 좋은 것이 아니라는 사실을 분명히 알아야 합니다. 싫은 일을 거부하지 못하는 것, 자신의 욕구를 솔직하게 표현하지 못하고 억누르는 것은 건강하지 않은 마음이지요.

　순하고 착하다고 해서 그에 만족하지 마시고, 늘 깊은 관심과 애정을 주고 많은 대화를 나누어 아이의 감정을 읽으려고 노력해야 해요. 감정 표현을 잘하지 못해, 우울증을 앓는 순한 아이도 생각보다 많답니다.

　아이가 어렵게 감정을 표현했을 때, 엄마가 화를 내거나 무시해서는 안 돼요. 아이 입장에서는 간신히 마음의 문을 열었는데, 엄마에게 거부를 당하면 힘들게 연 마음을 닫아버리고 말거든요. 아이의 감정과 의견에 충분히 공감해주고, 자기주장을 펴는 아이의 모습을 칭찬해주도록 하세요.

까다로운 아이

약 10% 정도의 빈도로 태어나는 까다로운 아이. 이 기질의 아이를 키우는 것은 쉽지 않은 일이지요. 음식 투정은 기본에 잠자지 않으려 버티고, 안아줘도 이유 없이 울기까지. 생활습관이 비교적 불규칙하고, 새로운 것에 적응을 잘하지 못해 낯선 음식을 거부하거나 낯선 사람을 무서워하는 일도 많아요.

　부정적인 성격을 타고났기 때문에 엄마가 뭘 하자고 하면 거부하는 일도 많지요. 작은 실패 앞에서도 크게 분노하거나 슬퍼하는 등 예민한 반응을 보이고요. 정말이지, 엄마를 너무 힘들게 하는 유형이지요.

까다로운 아이는 순응하는 것을 별로 좋아하지 않아요. 틀에 갇힌 채로 뭔가를 하는 것을 아주 싫어합니다. 또한 억압이나 체제 앞에서 반항하기도 하지요. 손이 많이 가고 예민하기 때문에 키울 때 가장 애를 먹는 유형이지요.

그러나 예민하고 반항적인 만큼 놀라운 아이디어와 뛰어난 재능을 갖고 있는 경우가 많답니다. '이건 이렇게 해야 돼'라고 가르쳤을 때 바로 순응하지 않고 '왜?'라고 반응하기 때문이지요.

많은 예술가, 발명가, 놀라운 발견을 한 학자가 이런 타입에 속한답니다. 모두가 따르는 규칙이라도 일단 의구심을 가지며, 똑같은 일도 자신만의 방식으로 해결하거나 새로운 발견을 하려고 들기 때문이지요. 모든 것에 끊임없이 질문을 던지며 새로운 해답을 추구하기 때문에 사회에 가장 큰 도움이 되는 유형이기도 하답니다.

까다로운 아이는 혼자서 하려는 욕구가 다른 아이들보다 강해요. '싫어! 나 혼자서 할 거야!'라는 말을 가장 많이 하는 유형이지요. 서투른 아이가 답답해 엄마가 도와주거나 대신 해주려고 하면 아이는 더 강한 거부반응을 보입니다. 또한 자존심이 상한다고 느끼기도 하지요.

조금 시간이 걸리더라도 아이 혼자서 할 수 있도록 지켜봐주세요. 그리고 혼자서 잘해내면 충분히 칭찬해주세요. 까다로운 아이는 거부 반응을 많이 보이는 반면, 엄마의 관심과 인정을 무엇보다 바라고 있기도 하거든요.

이 유형의 아이는 억압을 무엇보다 싫어하기 때문에, 순하게 만들겠다고 무조건 억누르는 것은 좋지 않습니다. 억누를수록 더 큰 거부 반응을 보이고, 엄마와 깊은 갈등을 겪지요. 엄마 입장에서는 가슴앓이를 많이 할 수도 있어요. 그러나 너무 걱정하지 마세요.

아이의 의견을 잘 들어주고, 공감에 기반을 두어서 감정코칭을 시도하면 아이는 좀 더 침착하게 자신의 행동을 조절할 수 있게 됩니다. 예민하기 때문에 주변 사람들이 아이를 잘 이해해주지 못하는 경우가 생기는데, 그럴수록 엄마만큼은 아이의 예민함을 이해해주고 존중해주어야 해요.

아이를 바꾸려는 시도보다 마음을 알아주려는 노력을 먼저 하면, 아이도 반드시 엄마에게 마음을 열고, 스스로 옳은 결정을 할 수 있게 될 거예요. 아이가 지나치게 화를 돋울 때에는 감정을 가라앉히고 이성적으로 대응하도록 하세요. 만약 너무 어렵게 느껴진다면 아이와 잠깐 떨어져서 서로가 차분히 생각하는 시간을 가지는 방법도 좋습니다.

느린 아이

15% 정도를 차지하는 느린 아이는 말 그대로 참 느립니다. 생활습관은 비교적 규칙적이고, 예민하지 않아서 손이 많이 가지는 않지

만 말이나 행동이 굼뜨고 느릿느릿하지요.

수동적인 행동 패턴을 보이고, 스스로 무언가를 찾아서 하는 일이 잘 없습니다. 때문에 새로운 상황이 눈앞에 펼쳐지면 움츠러드는 경우가 많아요. 낯선 장난감을 거부하기도 하고, 새로 등록한 학원에서 적응을 잘 못하기도 하지요. 엄마가 보기에는 참 답답한 유형입니다.

그렇다고 해서 무작정 혼을 내는 것은 좋지 않아요. 엄마가 아이의 느린 면을 참지 못하고 닦달하는 경우가 많지요.

심지어 '너 왜 이렇게 느리니?', '언제 다 하려고 그래?', '빨리 좀 해' 등의 말을 하는데 아이 입장에서는 큰 상처를 받을 수 있어요. 타고나길 느리게 태어난 것은 아이의 잘못이 아니잖아요. 게다가 느리고 답답해보여도 아이 입장에서는 상당히 열심히 하고 있는 것이랍니다. 열심히 하는데, 엄마가 느리다고 혼을 내면 아이는 더욱 주눅 들지요.

엄마가 볼 때는 참 답답하게 느껴지고, 빠릿빠릿하지 못한 아이가 커서 제 구실을 할까 걱정이 되지만, 오히려 느린 아이 중에 성공하는 사람이 많아요. 왜 그런가 하면, 한번 시작한 일은 끝까지 해내기 때문이지요.

세계적인 천재 물리학자 아인슈타인 역시 어린 시절에는 상당히 느린 아이였고, 성장한 후에도 자기만의 느린 속도로 삶을 살았습니다. 어린 아인슈타인은 수업 진도도 잘 못 따라왔고 말과 행동이

굼떠서 교사들이 답답해하기도 했지요. 네 살이 될 때까지 말도 못했고, 수업에서 낙제를 받은 일도 많았답니다. 그렇지만 아인슈타인은 놀라운 집중력으로 연구에 매달려 상대성이론이라는 위대한 연구결과를 이룩하였잖아요.

느린 아이는 규칙적인 것을 좋아합니다. 변칙적이고 낯선 것에는 흥미를 보이지 않지요. 그러나 무엇이든 한번 습관이 되거나 익숙해지면 누구보다 잘해냅니다. 변덕을 잘 부리지 않기 때문에 한 가지 일에 끝까지 매달리지요.

느린 아이를 키울 때는 엄마의 인내심과 기다림이 필수입니다. 아이가 관심을 가질 수 있도록 자주 기회를 주고, 혼자서 해낼 때까지 지켜보아야 해요. 그러면 아이는 틀림없이 해낼 거예요.

다른 아이보다 느리다고 해서 하던 일을 중간에 채가거나 그만두게 하면 아이는 금방 흥미를 잃고 포기해버립니다. 그리고 쉽게 포기하는 버릇이 생기지요. 다른 아이들보다 조금 느리고 늦되더라도, 엄마가 애정을 가지고 지켜봐주어야 합니다.

느린 아이에게는 다른 아이와의 속도 경쟁이 무의미해요. 정해진 시간 내에 시를 한 줄도 쓰지 못하는 아이가, 오랫동안 지켜봐주면 한 번에 열 편, 스무 편을 쏟아내기도 해요.

느린 아이는 수동적이기 때문에 주도권을 가지고 있지 않은 경우가 많아요. 게다가 엄마 입장에선 답답하다보니 아이에게 주도권을 잘 주지도 않지요. 이런 상황에서는 아이의 단점만 발달되어, 수동적인 태도와 느린 면이 더 심해집니다. 쉽고 작은 일부터 스스로 해낼 수 있도록 격려와 응원을 해주되, 지시하거나 명령하지는 않도록 하세요.

느린 아이는 주눅이 잘 들기 때문에 엄마가 지시를 하거나 잘하라고 명령하면 더욱 일을 그르친답니다. 느린 아이 특유의 끈기로, 인생의 멋진 업적을 달성할 수 있도록 엄마는 멋진 코치로 남아주세요.

이렇게 세 가지 유형을 알아보았는데요, 어떠세요? 내 아이는 어떤 기질의 아이인 것 같나요? 아직 잘 모르는 분도 있을 거예요. 이 세 가지 유형에 포함되지 않는 35%의 아이도 있답니다.

이 세 유형이 복합적으로 나타나거나, 아예 아무런 유형에 속하지 않는 경우도 있답니다. 순하면서도 예민하게 보이는 아이가 있고, 예민하면서도 느리게 움직이는 아이도 있지요.

행동과 반응 관찰을 통해 내 아이의 기질을 잘 파악하고, 그에 맞는 감정코칭을 준비하세요. 가장 중요한 것은, 내 아이의 기질을 부정적으로 바라보지 않고 어떤 기질을 가지고 있든 긍정적으로 인식하고 받아들이는 것이랍니다.

아이의 기질은 엄마의 노력 여하에 따라 엄청난 장점으로 발전할 수도, 무서운 단점으로 변할 수도 있어요. 그러니 내 아이가 가진 기질을 존중하고 긍정적으로 바라봐주는 것을 잊지 마세요.

기질에 맞는 감정코칭

제가 앞에서 '지피지기면 백전백승'이라고 말했지요? 아이뿐만 아니라 나 자신도 잘 알아야 감정코칭이 쉽답니다. 엄마도 원래는 특정한 기질을 가지고 태어난 아이였어요. 물론 살아오면서 많은 경험을 겪어 그때와는 다른 사람이 되었지만요.

내가 어떤 기질을 가지고 있는지, 그리고 현재 어떤 유형의 엄마인지 곰곰이 생각해보세요. 순한 엄마가 까다로운 아이를 대할 때 어렵고 당황스럽고, 까다로운 엄마가 느린 아이를 대할 때 화가 나고 답답한 것은 당연한 이치입니다. 나 자신의 행동 패턴이나 반응을 잘 떠올려 보고, 아이를 대할 때 아이와 엄마 모두에게 맞는 방법을 선택하도록 해보세요. 좀 더 감정코칭이 쉬워질 테니까요.

남자아이와 여자아이

90년대에 선풍적인 인기를 끌었던 《화성에서 온 남자, 금성에서 온 여자》라는 책, 기억하세요? 알쏭달쏭한 남녀의 차이를 명확하게 짚어주어, 많은 궁금증을 해소해준 책이지요. 남자와 여자의 특성을 구체적으로, 알기 쉽게 쓴 책이라 저도 재미있게 읽은 기억이 나네요.

요즘에는 《말을 듣지 않는 남자, 지도를 읽지 못하는 여자》라는 책도 인기를 끌고 있지요. 오랫동안 미스터리였던 남녀의 차이를 과학적 분석과 실증적 사례를 통해 알기 쉽게 보여주는 책이에요. 유머러스하여 읽는 재미도 있지요.

남자와 여자의 차이

남자와 여자가 다르게 태어났다는 것이 지금은

당연한 이야기처럼 느껴지지만, 처음부터 그렇지는 않았습니다. 많은 교육학자들이 여성성과 남성성은 학습된다고 주장했지요. 하지만 다양한 연구를 통해 사람은 성별에 따른 차이를 가지고 태어난다는 사실이 밝혀졌어요. 그러니 딸과 아들을 똑같이 키우려고 해서는 안 된답니다. 분명하게 차이를 보이는 만큼, 성별에 맞는 교육 방법이 있거든요.

감정코칭도 마찬가지예요. 성별에 따라 다른 방법으로 접근해야 합니다. 남자와 여자는 뇌에서부터 차이를 보입니다. 뇌량이라고 하는 것이 있는데요, 뇌들보라고도 불리는 이것은 좌뇌와 우뇌를 연결하는 신경섬유다발이에요. 여자아이는 뇌량이 남자아이보다 10% 정도 두텁고 넓어서 좌뇌와 우뇌의 연결이 긴밀하지요.

좌뇌는 논리와 체계를 다루고, 우뇌는 예술과 상상력, 감정을 다룹니다. 그리고 남자는 좌뇌가 상대적으로 발달하고, 여자는 우뇌가 조금 더 발달하는 경우가 많아요. 이로 인해 여자와 남자는 행동에서도 많은 차이를 보여요.

흔히 여사는 동시에 여러 가지 일을 하고, 남자는 한 번에 한 가지 일밖에 못한다는 얘기를 하지요. 이는 뇌의 차이에서 오는 현상이랍니다. 여자는 좌뇌와 우뇌를 동시에 사용하기 때문에 한 번에 많은 일을 할 수 있어요. 드라마 보면서도 전화를 받고, 책을 읽으면서 음악을 듣고, 아이를 보면서 요리도 하고 청소도 하지요. 그러나 남자는 한 번에 여러 가지 일을 하게 되면 뇌에 과부하가 걸려 제대로 소화하지 못하고, 한 가지 일에 집중했을 때 탁월한 집중력을 보인답니다.

좌뇌와 우뇌의 차이

아이들도 마찬가지예요. 뇌의 차이가 아주 분명하지요. 여자아이와 남자아이는 언어적인 부분에서 큰 차이를 보입니다. 좌우의 뇌가 긴밀하게 연결되어 있는 여자아이는 언어 구사력이 남자아이보다 빠르답니다. 남자아이는 상대적으로 말을 늦게 배우지요. 이는 남자가 언어적인 활동, 즉 듣고 말할 때 좌뇌 하나만을 써서 그런 것이에요. 여자아이는 좌뇌와 우뇌를 모두 활용하여 빠른 습득을 보이지요.

여자아이가 말을 빨리 배우는 것은 당연하므로, 남자아이가 말을 늦게 배운다고 해서 걱정하거나 야단치지 마세요. 여동생에 비해 언어가 늦게 발달하는 오빠를 보고 덜컥 겁을 먹고 병원에 데려가거나 과하게 학습을 시키는 부모님이 많은데, 이는 아이의 자존감을 낮추고 의기소침하게 만드는 일이랍니다.

이 차이는 다른 데서도 드러나지요. 밥 먹으라고 불렀을 때, 누가 더 빨리 나오나요? 보통 여자아이가 빨리 나와서 식탁을 차리는 일을 도울 거예요. 컴퓨터 게임에 빠진 남자아이는 엄마의 말이 들리지 않는 것처럼 무시하지요. 그러면 엄마는 화가 나서 아이에게 야단을 치지요. 그런데 사실, 아이는 엄마의 말을 무시하는 게 아니랍니다. 컴퓨터 게임에 집중한 나머지 정말로 엄마의 말이 들리지 않은 거예요.

여자아이는 양쪽 뇌 모두를 사용하기 때문에 하고 있는 일이 있어도 엄마의 목소리를 수월하게 들을 수 있습니다. 그러나 남자아이는 이미 뇌가 게임에 집중하고 있기 때문에 외부의 소리가 잘 들리지 않는 거지요.

엄마 입장에서는 속상하고 화가 나는 일이지만, 사실은 장점이 될 수도 있는 부분이에요. 엄마의 목소리가 들리지 않을 만큼 무엇 하나에 집중할 수 있다는 뜻이니까요. 그리고 아이가 무언가에 빠져 엄마 말을 듣지 못할 경우에, 아이의 뒤통수에 대고 잔소리하지 마시고 눈을 마주보고 다정하게 말을 건네 보세요. 집중력이 엄마에게 옮겨가 좀 더 말을 잘 따를 거예요.

차이를 활용한 학습법

성별에 따라 학습 방법에도 차이가 있어야겠지요? 여자아이는 여러 가지 일이나 공부를 한꺼번에 할 수 있으므로 한 가지에만 집중하지 않아요. 흥미 있는 여러 가지 과목의 교과서를 꺼내놓고 공부하지요.

　이럴 때 엄마가 '너 왜 하나에 집중하지 않니?' 하고 혼을 내서는 안 돼요. 여자아이는 기본적으로 일의 순서를 정해서 수행하는 능력이 탁월하므로 지나치게 산만하지 않다면 그대로 지켜봐주는 것이 좋아요.

　다만, 여자아이는 소리에 예민하므로 조용한 학습 환경을 만들어주면 좋아요. 주변이 시끄럽거나 흥미를 끌 만한 것이 있으면 집중력이 흐트러지니까요. 여자아이들이 대체로 공부하기 전에 책상 정리를 한다거나 방청소를 하는 것도 이와 연관이 있어요.

　남자아이는 한 번에 한 과목씩 차분히 공부할 수 있도록 지도해주세요. 그리고 집중력을 더 높이기 위해서는 호기심을 이끌어 내는 것이 중요합니다. 남자아이는 한 번 호기심을 가진 대상에 깊이 파고들기 때문에, 여러 가지 일을 동시에 시키려고 하면 오히려 낭패를 본답니다.

　이와 같은 차이 때문에, 감정코칭의 방식도 달라야 해요. 남자아이는 말을 할 때 감정과 관련이 있는 우뇌를 사용하지 않기 때문에, 감정을 말로 표현하는 것을 어려워해요. 그러므로 감정코칭을 할 때에도 남자아이에게 무작정 감정을 말로 표현해보라고 해서는 안 된답니다.

　여러 가지 감정을 알려준 후 어떤 기분에 가까운지 물어보는 방법도 좋고, '어떤 날씨 같은 기분이야?' 하는 식으로 아이가 알기 쉽게 접근하는 것도 한 방법입니다. 그리고 앞으로 어떻게 하고 싶은지, 어떻게 하면 좋을지 물어보는 것이 좋아요. 남자아이는 기본적으로 문제를 해결하려는 마음이 크기 때문에 감정을 물어보는 것보다 앞으로의 계획을 물어보면 감정코칭이 조금 더 수월하지요.

여자아이는 감정 공감을 참 잘해요. 어른들만 봐도 그렇잖아요. 엄마는 아이가 다치면 먼저 마음을 진정시키고 위로해주지만, 아빠는 상처부터 확인하고 해결하려고 들지요. 연인과 부부의 다툼을 봐도 공감 문제가 원인인 경우가 많죠. 여자는 슬픈 일이 있으면 공감을 바라고 말을 하지만, 그 말을 들은 남자는 공감 대신 해결을 해주려고 나서지요. 그래서 여자는 속이 상하고, 남자는 그 과정이 비효율적으로 느껴져서 답답한 것이랍니다.

아이도 마찬가지예요. 여자아이는 공감을 잘 해주는 것이 중요합니다. 감정이 발달했기 때문에 감정적으로 격해지면 다른 일을 전혀 하지 못해요. 그러므로 공감하고 이해해주는 과정이 선행되어야 진정하고 해결책을 찾아 나설 수 있습니다. 공감보다 해결책을 먼지 제시하면 감정이 해결되지 않은 상태로 남습니다. 앙금처럼 남은 감정이 다른 일에도 영향을 주기 때문에 아무것도 하지 못하고 씩씩거리게 되지요.

특성을 이해하되,
억누르지 않기

　　　　　　　　　남녀의 사이에는 좌뇌와 우뇌 이외에도 흥미로운 차이가 있지요. 뇌의 중심에 감정을 다루는 뇌인 변연계가 있고, 여기에는 편도체라고 하는 부분이 있어요. 편도체는 공포를 기억하고 처리하는 기능을 하지요.

　감정이 격해져서 신체가 흥분상태에 이르면 편도체는 이를 생명의 위협을 받는 상황으로 인식한답니다. 남자는 여자보다 편도체가 발달했으므로, 같은 상황에서도 남자아이가 좀 더 공격적인 태도를 취하게 됩니다.

　남성호르몬인 테스토스테론은 충동성과 공격성을 가지고 있지요. 그렇기 때문에 남자아이는 여자아이에 비해 폭력적인 것에 흥미가 많고 공격적인 성향을 가지는 것이랍니다. 남자가 폭력적인 액션 영화, 전쟁 영화나 격투기 같은 스포츠, 게임을 좋아하는 것도 같은 이치지요. 남자아이는 아동기에 접어들면서 괴물, 좀비, 전쟁, 살인과 같은 것에 관심을 보이고 과격한 놀이를 즐겨하거나 잔인한 그림을 그리기도 합니다.

　그럴 때 '내 아이가 너무 폭력적인 것 아닐까?' 하고 놀라지 마세요. 남자로 성장해가는 과정일 뿐이니까요. 꾸짖거나 야단치게 되면 아이가 가진 폭력성과 공격성은 갈 곳을 잃고 깊은 곳에 숨어들게 됩니다. 억눌린 채 잠들어 있던 폭력성과 공격성이 잘못된 방향으로 폭발할 가능성이 생기는 것이지요.

  아이의 성향을 무조건 눌러서는 아무것도 해결되지 않아요. 대신 아이가 가진 폭력성과 공격성을 건강하게 표현하고 배출할 기회를 주어야 합니다. 스포츠를 배우게 하거나, 아빠와 씨름을 하거나 스포츠 대결을 하는 등 건강한 방법으로 욕구를 배출할 수 있도록 도와주세요.

  지금까지 여자와 남자의 다양한 차이를 알아보았어요. 그런데, 하나 주의해야 할 점이 있어요. 여자와 남자가 다르고 선천적인 차이가 있다고 해서, 여자아이는 여자답게, 남자아이는 남자답게 자라는 것이 옳다는 뜻은 아니에요. 그리고 엄마가 그렇게 키우려고 해서도 안 되지요. 타고나는 차이가 무조건 여자다움, 남자다움과 직결되는 것은 아니에요.

  아이마다 성향의 차이도 존재하기 때문에 여자아이가 로봇을 좋아하기도 하고, 남자아이가 소꿉놀이를 좋아하기도 하지요. 엄마가 무조건 여자를 여자답게, 남자를 남자답게 키우려고 하는 것은 아이의 성향과 욕구를 무시하는 일이고 결과적으로 정신발달에도 좋지 않은 영향을 끼친답니다. 앞서 알아본 뇌의 차이는 학습 지도나 감정코칭의 기본적인 참고 사항으로 기억해두되, 아이의 성향이나 성격을 만들어가는 것은 아이 본인이라는 사실을 꼭 명심해 주세요.

칭찬과
응원

앞에서 피그말리온 효과를 잠시 언급했지요? 타인의 기대나 관심으로 인해 능률이 오르거나 전보다 좋은 결과를 얻는 현상을 피그말리온 효과라고 한다고 했어요. 주로 교육학에서 사용하는 용어인데요, 한마디로 말하자면 엄마가 기대를 가지고 아이를 대하면 아이도 그 기대에 맞춰 좋은 성과를 보인다는 거예요.

피그말리온 효과와 같은 뜻으로, 우리나라에는 자성예언이라는 말이 있습니다. 자성예언 또한 교육학에서 자주 쓰이는 용어인데요, 어떤 행동이나 학습을 할 때 주변 사람, 특히 교사나 부모가 가지는 기대수준에 부합하여 결과가 일어나는 현상을 말해요.

교사가 자신이 담당하는 학생이 머리가 좋고, 그래서 학습 성취도가 높을 것이라고 믿고 가르치면 그 학생의 실제 지능과 상관없이 높은 학습 성취도를 보이는 경우가 대표적인 예입니다.

어때요. 놀랍고 멋지지요? 엄마의 믿음과 기대가 내 아이를 멋지게 바꿀 수 있는 것이지요. 그러므로 피그말리온 효과, 자성예언은 학습에서 적극적으로 활용해야 합니다.

피그말리온 효과를 활용한 학습

자리가 사람을 만든다는 말이 있지요. 중세 유럽에서는 귀족 아가씨가 도무지 품위를 갖추지 못하고 말괄량이로 성장해 애를 먹이면, 오히려 혹독하게 가르치지 않았다고 해요. 주변 사람들이 아주 우아하고 아름다운 귀부인 대하듯 모셨다고 합니다. 그러면 정말 품위와 교양을 갖춘 귀부인이 되었다고 하네요.

이것은 주변 사람들이 어떤 대우를 해주느냐에 따라 사람이 어떤 방향으로든 변화할 수 있다는 것을 보여주는데요. 저는 이 사례가 피그말리온 효과와 관련이 있다고 생각해요. 주변 사람들이 귀부인처럼 대우해줄 때, '오, 아름답고 품위 있는 아가씨!', '오늘도 우아하시군요', '과연 귀부인다운 품격을 갖추고 계시네요' 등의 말을 했겠지요? 말의 힘 덕분에, 말괄량이였던 아가씨가 우아한 귀부인이 될 수 있었던 거지요.

이처럼 우리도 아이를 대할 때 긍정적이고 발전적인 말을 많이 해야 합니다. 엄마들이 아이가 답답해 습관적으로 하는 말이 '너는 안 될 거야', '너는 정말 게으르구나. 그래서 뭐가 되겠니?' 같은 것들이에요. 엄마가 속으로 아이의 미래를 그렇게 생각한 거지요.

 이런 말을 들은 아이는 자기도 모르게 '나는 안 될 사람'이라고 생각하며 위축됩니다. 학습 성취도도 당연히 좋지 않을 것이고, 생활 전반에서 역량을 충분히 발휘하지 못하게 됩니다. 소위 문제아로 불리는 아이들이 시간이 지날수록 탈선의 정도가 더욱 심각해지는 현상도 자성예언과 연관이 있지요.

 '너 같은 애들이 꼭 사고 친다', '너는 사회에 나가서도 아무 도움이 안 되는 애야', '너는 정말 미래가 안 보인다', '사람 안 된다, 저거' 등 정말 심한 말들이지요?

 아이들이 말을 안 듣는다고 저런 말을 퍼붓는 교사와 부모가 정말로 많아요. 그리고 그런 말을 듣지 않더라도, 속으로 '너는 문제아야'라고 생각하면 아이도 그것을 느낍니다.

 저런 말을 반복적으로 듣고, 저런 대우를 받은 아이들은 어떻게 될까요? 저 말에 이 악물고 공부를 하게 될까요? 그렇지 않아요. 저런 말을 반복적으로 들으면서 점점 더 심한 탈선의 길을 걷게 됩니다. 학년이 올라갈수록 청소년 문제가 심각해지는 것도 아이들이 반복적으로 저주에 가까운 말을 듣고 어른들이 자신을 믿지 않는 반응이 지속되기 때문이에요.

 반면, '너는 잘해낼 거야', '너는 대단한 사람이야', '엄마는 너를 믿어', '너는 큰 그릇을 가진 사람이야', '세상에 도움이 될 거야' 같은 말을 반복적으로 들은 아이들은 실제로 학업 성취도가 높고 정신적으로도 건강하게 성장합니다.

   정말로 멋진 일이지요. 그래서 엄마는 아이에게 긍정적인 말을 많이 해주어야 해요. 그리고 말만 할 것이 아니라, 속으로 정말 아이가 잘해낼 것이고 훌륭한 사람이 될 것이라고 믿고 있어야 해요. 엄마가 아이를 믿지 않으면 아이도 그것을 예민하게 느끼고 반응합니다. 나를 믿지도 않고 기대도 하지 않는 엄마가 좋은 말을 해주면, 그것을 입에 발린 말이라고 생각하지요. 그러므로 아이를 진심으로 믿고 응원하는 자세가 필요해요.

아이의 잠재력을 이끌어내자

   칭찬과 응원, 기대는 아이의 잠재력을 이끌어내는 가장 훌륭하고 쉬운 방법입니다. 그림을 잘 그리라고 조언하고 좋은 학원에 보내는 것보다, '너는 정말 그림을 잘 그리는구나. 훌륭한 화가가 될 수 있을 것 같아'라고 말해주고 진짜로 그렇게 믿는 것이 더 좋은 효과를 냅니다.

   그러나 아이가 감당할 수 없는 기대는 아이에게 부담으로 작용할 수 있습니다. 수학에 대한 이해가 없는 아이에게 '너는 수학을 100점 맞을 거야. 천재 수학자가 될 거야'라고 한들 아이가 바로 수학을 잘 하게 될까요? 기대와 응원도 아이의 마음을 살펴가며 긍정적이고 밝은 마음을 가지고 해주는 것이 중요합니다.

이러한 말의 힘을 노래한 시가 이해인 수녀의 〈나를 키우는 말〉입니다. 긴 말보다 한 줄의 시가 더욱 와 닿을 때가 있지요.

아름답다고 말하는 동안은
나도 잠시 아름다운 사람이 되어
마음 한 자락이 환해지고

좋은 말이 나를 키우는 걸
나는 말하면서 다시 알지
　　〈나를 키우는 말〉 중에서

들어주기

말하는 것보다 듣는 것이 중요하다는 말을 흔히 합니다. 말을 잘하는 것도 중요하지만 잘 듣지 않으면 대화를 이어갈 수 없기 때문이지요. 듣는 방법이 잘못되었을 경우, 말하는 사람에게 상처를 주고 마음을 닫아버리게 할지도 몰라요.

 어떤 사람과 대화하면 가장 편안하고 솔직해질 수 있을까요? 중간에 말을 끊거나 내가 할 말을 먼저 하고 있는 사람보다는 내 말에 공감해주고, 감정까지 이해해주는 사람이 아닐까요? 혼자서 이야기하고 있다는 느낌이 들면 더 이상 이야기를 하고 싶어지지 않게 되지요.

경청하라

대화에서 가장 중요한 것이 듣는 것이라고 하는 이유도 바로 여기에 있습니다. 그것을 '경청'이라고 해요. 경청에도 여러 종류가 있지만, 크게 네 가지로 구분할 수 있어요.

경청의 가장 낮은 수준은 '배우자 경청'이에요. 이해하기 쉽게 예를 들어볼게요.

축구중계에 집중한 남편에게 '오늘 지하철을 탔는데 글쎄, 어떤 여자가 내가 입은 옷이랑 같은 것을 입고 있는 거야'라고 이야기를 건네면 어떤 대답이 돌아올까요? '잠깐만, 지금 중요한 순간이야. 조금 있다가'라며 말을 가로막거나, 건성으로 듣다가 '뭐라고?' 하며 되물을지도 몰라요.

이렇듯 바람직하지 못한 경청 태도에 '배우자'라는 이름이 붙은 이유를 생각해볼 필요가 있어요. 부부와 같이 가까운 사이일수록 더욱 사려 깊고 진솔한 대화가 필요한 법인데 현실에서는 그렇지 않은 경우가 많죠. 심지어 배우자 경청의 태도를 가진 사람은 상대가 대화를 이어갈 수 없도록 말을 끊어버리기까지 하니까요.

다음으로는 상대의 말에 주의를 기울이거나 공감해주지 않는 '수동적 경청'이 있어요. 말을 가로막지 않는다는 점에서 배우자 경청보다 조금 나을지도 모르지만, 말하는 사람의 입장에서는 이 역시 납납하기는 마찬가지죠.

듣는 둥 마는 둥하니 대화에 집중을 할 수가 없고, 혼자서만 말하고 있다는 기분을 느끼게 되지요. 아까의 예를 다시 한 번 적용해 볼까요? 축구를 보는 남편에게 아내가 이야기를 건넸어요. 중간에 말을 끊지 않고 다 들어주고 있는 것처럼 보였지요. 가끔 '응, 그래', '어, 알았어'라며 대답도 했고요. 하지만 사실 아내가 신나게 이야기를 하는 동안 남편은 계속 축구중계를 보고 있었어요.

낌새를 눈치 챈 아내가 이야기를 멈추고 '내 이야기 듣고 있어?'라고 물어보면, 그제야 남편은 '응? 뭐라고?' 하며 되물어요. 듣는 시늉만 하고 있었던 겁니다. 이런 상황이 생기면 아내는 이야기하고 싶은 마음이 싹 사라집니다. 아무리 이야기 해봐도 상대가 듣지 않는다는 사실을 알아버렸기 때문이지요.

'적극적 경청'은 말하는 사람에게 집중하고, 감정에 공감해주는 방법입니다. 여자들에게 호감을 사는 대화법이 있다고 하는데요. 예를 들어 '내가 오늘 지하철을 탔는데'라는 말에 연이어 '탔는데?'와 같이 꼬리에 꼬리를 무는 방식으로 되묻는 것이지요.

'같은 옷을 입은 여자를 봤어'라고 할 때, '그랬어? 새로 산 그 옷?' 하며 대화를 이어가는 방식은 말하는 사람에게 집중하고 있다는 느낌을 줍니다.

이 방법은 집중력이 조금이라도 흐트러지면 다시 수동적 경청으로 돌아갈 수 있기 때문에 듣는 사람이 좀 더 많이 노력해야 해요. 그러므로 상대방의 이야기를 들을 때는 잠시 하던 일이나 생각을 멈추고 대화에 집중하는 것이 좋아요.

경청의 최고 단계는 '맥락적 경청'입니다. 많은 커뮤니케이션 학자들의 연구에 의하면 의사소통에서 언어가 차지하는 비중은 극히 일부에 지나지 않는다고 해요. 오히려 말투, 표정, 몸짓, 배경 등을 통해 더 많은 의미가 전달되는 것이죠.

상대에게 집중하지 않으면 소통에서 더 큰 비중을 차지하는 비언어적 요소들을 모두 놓치게 됩니다. 그러면 이야기의 의미를 파악할 수가 없지요. 맥락적 경청은 상대방의 말 자체뿐만 아니라 어떤 맥락에서 이야기가 진행되는지, 말하는 사람의 의도와 감정, 배경까지 헤아려서 듣는 방법이랍니다. 조금 다른 예를 들어볼게요.

아내가 '요즘 회사 일이 너무 힘들어'라고 남편에게 이야기 했을 때 수동적 경청을 하는 남편은 어떤 반응을 보일까요? '그럼 조금 쉬는 게 어때?'라고 할지도 몰라요. 아내가 원하는 대답은 그런 조언이나 충고가 아닐 거예요.

혹은 미리 옳고 그름을 판단해놓고 '너만 힘든 게 아니야. 요즘 다들 힘들게 살아'라는 대답을 해버리는 실수를 할 수도 있죠. 이런 경우 아내는 이야기하고 싶은 마음이 사라지고, 더 이상 대화를 하려고 하지 않을 거예요.

맥락적 경청을 하는 남편은 어떨까요? '아내는 요즘 새로운 프로젝트 때문에 일이 바쁘지만, 회사 생활이 즐겁다고 말했다. 하지만 간혹 상사 때문에 힘들다는 이야기를 한 적이 있는데, 어떤 말을 해주어야 힘이 될 수 있을까?' 하고 아내의 상황에 대한 맥락과 배경을 먼저 생각하겠지요. 그러고는 '요즘 회사일 때문에 많이 힘들지? 그래도 이번 일만 잘 넘기면 다시 즐겁게 일할 수 있을 거야. 지금도 충분히 잘하고 있으니까 조금만 힘내자'라고 말해줄 것입니다.

아내의 입장에서는 정말 힘이 나지 않을까요? 회사를 쉬라는 해답을 바라기보다는 지금 자신의 마음을 이해하고 위로해줄 수 있는 말을 원했으니까요.

맥락적 경청은 상대방의 과거와 현재, 미래를 보고 말 속에 숨은 의도까지 파악하며 들어야 하기 때문에 처음에는 누구나 힘들 수 있어요. 이야기를 듣는 중에 언제 이렇게까지 생각할 수 있을까 하는 생각도 들고요. 하지만 상대에게 늘 주의를 기울이고, 상대의 상황에 감정을 이입해 내 일처럼 여긴다면 맥락적 경청이 생각보다 어렵지 않답니다.

아이의 말을
들을 때

그럼 이제 이 네 가지 경청 방법을 아이와의 대화 속에서 살펴볼게요. 자신은 아이에게 어떤 경청 방법을 사용하고 있는지 떠올려보세요.

저녁 준비에 정신이 없을 때 학교에서 돌아온 아이가 화가 난 얼굴로 다가와 '엄마, 나 오늘 혜진이랑 싸웠어. 짜증나. 이제 개랑 안 놀 거야'라고 합니다.

이런 말을 하는 아이에게 우리는 어떤 대답을 해야 할까요? '엄마 지금 저녁 준비하니까, 나중에 얘기해'라는 배우자 경청, 혹은 '응, 그랬어?'라는 수동적 경청으로 대답을 한다면 아이는 엄마가 내 이야기를 듣지 않는다고 생각해버린답니다.

친구와 싸우는 것은 무조건 잘못된 일이라는 판단을 하고, '친구랑 싸우는 건 잘못된 거야. 네가 먼저 사과해' 하는 식으로 대화가 지속된다면 아이는 결국 마음의 문을 닫고, 더 이상 자신의 이야기를 하지 않으려고 할 거예요. 하지만 높은 수준의 경청을 하는 엄마라면 상황은 달라지겠지요.

요리를 잠시 멈추고, '혜진이랑 싸웠어? 왜?'라는 적극적 경청부터 시작해서 '혜진이랑 친했잖아. 왜 싸우게 된 거야?', '싸울 때 어떤 생각이 들었어?', '앞으로 혜진이랑 어떻게 지내고 싶어?'라는 맥락적 경청으로 대화를 이어 간다면, 아이는 엄마가 내 이야기에 관심을 가지고 듣는다는 생각을 할 거예요. 그러면 아이는 감정에 더 솔직해지고, 평소에 이야기하지 못했던 친구와의 관계도 털어놓을 수 있게 되겠지요.

나 자신은 아이에게 어떤 엄마인 것 같나요? 아이가 학교에서 있었던 일이나 평소 어떤 생각을 하는지 이야기를 하지 않는다면, 평소에 낮은 수준의 경청을 하고 있지는 않았는지 생각해 볼 필요가 있어요. 아이는 언제나 이야기를 하고 싶어 해요. 처한 상황이나 느끼는 감정을 혼자 해결하는 것에 익숙지 않거든요. 그래서 모든 것을 엄마에게 이야기하려 합니다.

경청은 좋은 부모가 되기 위한 기본적인 요소입니다. 아이의 이야기를 본인의 기준에 따라 답을 내리거나 판단하기보다는 아이의 말투, 표정, 행동을 좀 더 관찰하며 이야기를 들어 보세요. 엄마에 대한 신뢰가 쌓이면서, 아이는 자신의 이야기를 스스럼없이 털어놓게 될 거예요. 그 자체만으로도 아이는 스스로 무엇을 느끼는지 확인하고, 생각을 정리할 수 있습니다. 판단보다는 호기심을 가지고 아이의 말에 귀 기울여 보세요. 맥락적 경청 자체만으로도 아이는 부모의 사랑을 느끼며 성장할 수 있을 거예요.

공감, 이해 그리고 칭찬

다음은 한 아이가 학교에서 억울한 일을 당하고 집으로 돌아와 쓴 일기입니다. 아이가 학교에서 왜 속상했는지, 그리고 그 마음을 몰라준 엄마로 인해 왜 상처를 받는지 잘 알 수 있지요. 엄마는 대체로 아이의 상황을 겪지 않았거나 모르기 때문에 옳은 말부터 하고 보는데요. 다음 일기를 읽어보고 아이의 속상한 마음을 잘 들여다 보세요. 그리고 공감 없는 옳은 말이 아이에게 어떻게 상처를 주는지 이해해봅시다.

오늘 학교에서 수학 시험을 보았다. 시험을 다 치고는 짝과 답안지를 바꾸어 채점을 했다.
그런데 짝이 내 답안지를 잘못 채점하였다. 나는 분명히 정답인 4를 썼는데, 짝은 내가 4가 아니라 1이라고 적었다며 틀렸다고 빗금을 친 것이었다. 그래서 화가 많이 났다.

나는 속상해서 "내가 틀린 게 아니라, 네가 채점을 잘못했잖아"라고 했다. 그리고 빨간 사인펜으로 빗금 위에 동그라미를 그렸다. 그리고 선생님께 답안지를 가져가서 짝이 채점을 잘못했다고 말씀드렸다.

그런데 나는 선생님께 야단만 맞고 말았다. 잘못된 채점은 선생님께서 직접 동그라미를 그려서 수정해야 하는데, 내가 내 맘대로 동그라미를 그렸기 때문이었다.

물론 나도 잘못한 것은 있다. 원래 맞게 쓴 답이니까 틀린 채점을 제대로 고친 것이지만, 그럴 때는 반드시 선생님이 고쳐야 한다는 규칙을 내가 까먹었으니까.

그래도 나는 정말 속상했다. 내 짝이 채점을 잘못했으니, 내 짝이 혼나야 된다고 생각한다. 나는 원래 내 짝이랑 엄청 친한데, 오늘은 내 짝이 너무 미웠다. 내 짝이 처음부터 채점을 똑바로 했으면 나는 선생님께 혼나지도 않았을 것이다.

결국 선생님은 화가 나셔서 채점을 고쳐주지 않으셨다. 그래서 정답을 맞혔는데도 틀린 것이 되었다. 나는 억울했지만 퇴장 스티커를 받을까 봐 선생님께 아무 말도 못했다.

나는 집에 와서 울었다. 엄마는 내 얘기를 들으시더니 우는 나를 야단치셨다. 그리게 처음부터 똑바로 하시 그랬냐며 속상해하셨다. 엄마도 선생님이랑 똑같다.

엄마는 내 마음을 알까?

아이가 정말 억울할 것 같지 않나요? 아이는 엄마가 보지 않는 곳에서 수많은 일을 겪는답니다. 엄마가 아무리 관심을 가져도, 아이에게 일어난 모든 일들을 내 일처럼 알 수는 없지요. 보이는 것만으로, 아는 것만으로 아이를 판단해서는 안 된답니다.

옳은 말, 참 중요하지요. 아이가 잘못된 행동이나 태도를 보일 때, 이를 바로 잡아주고 싶은 마음은 모든 엄마가 다 똑같을 거예요. 대부분 아이가 바르게 크기를, 잘되기를 바라는 마음에 엄마가 쓴소리를 하는 거지요. 그런데, 이 옳은 말이 아이에게는 오히려 독이 될 수 있답니다.

권위를 세우고
싶더라도

엄마의 무의식적 욕구 중에는 아이 앞에서 권위를 세우고 싶어 하는 마음이 있는데요. 그래서 아이를 위한다는 명분으로 같은 말이라도 기분 나쁘게 하는 경우가 많아요.

지시하거나 저주하는 식의 말하기는 그 내용이 아무리 옳다고 해도 아이를 위한 것이 아니에요. 그저 화풀이에 가까운 말을 하면서 엄마의 권위를 세우려고 하는 거지요. 이런 조언은 결코 아이를 긍정적으로 변화시켜줄 수 없답니다. 오히려 악영향을 미치지요.

권위를 세우기 위한 것이 아니라 진실로 아이를 위해 하는 옳은 말도 아이에게는 사실 크게 도움이 되지 않는답니다. 앞서 '공감의 힘'에서 말했듯, 아이는 아직 엄마의 이성적인 말을 바로 받아들일 수 없는 단계의 뇌를 가지고 있기 때문이지요.

아이와의 대화에서 중요한 것은 올바른 말을 해주기보다 아이의 마음을 알아주고 공감하는 것입니다. 상대방의 마음을 이해하지 못하고 내 입장에서 옳은 말만 하는 것은 진정한 소통이 아니겠죠?
정서적으로 통하는 것, 즉 상대방에게 당신을 이해하고 있다는 느낌을 주는 것이 중요해요. 아이의 이야기를 주의 깊게 듣고, 이런 말을 하는 이유가 무엇이며 그 기저에는 어떤 감정이 존재하고 있는지를 알아차리는 일이 우선되어야 한다는 이야기입니다.

상대방과 소통하고, 진정한 대화를 나누기 위해 필요한 능력은 IQ가 아닌 EQ의 영역이에요. IQ가 머리로 판단하는 능력이라면, EQ는 상대방의 감정을 읽어내는 능력이지요. 상대방의 감정의 읽고 어떤 말을 해야 할지, 그 말이 상대에게 어떤 영향을 미칠지를 파악하는 것이 바로 EQ의 역할입니다. 아무리 바른 말을 건네고, 좋은 해결책을 제시해도 그 사람의 마음에 닿지 않으면 오히려 반감을 살 수도 있답니다.

충고나 조언보다
공감과 이해를

아이가 아무 이유 없이 학교 가기 싫다고 떼쓰는 경우가 종종 있어요. 그럴 때 '학교는 당연히 가야 하는 거야'라거나, '이 정도도 못 참으면 더 어렵고 힘든 건 어떻게 이겨 내겠니'라는 식의 충고를 한다면 아이가 과연 엄마의 마음을 이해할까요?

친구와 싸우고 온 아이에게 '친구의 마음도 이해해야지. 네 잘못도 있을 거야'라고 한다면 어떻게 반응할까요? 아마 화를 내고 짜증을 부리거나, 심한 반감을 보일 거예요. 아이가 원하는 것은 충고나 조언이 아니라 공감과 이해니까요.

아무리 좋은 말이라도 충고는 듣는 사람을 방어적으로 만든답니다. 상대방이 나를 무시하고, 내 능력을 제한하려 한다고 무의식 중에 느끼기 때문이에요. 아이가 엄마의 말에 반감을 가지는 것도 같은 이유입니다.

아이뿐만 아니지요. 어른의 입장에서도 무시당한다는 느낌을 받으면, 상대방이 하는 말의 내용 같은 것들은 전혀 귀에 들어오지 않잖아요. 이와 관련된 심리학 용어로 '심리적인 산소'라는 말이 있습니다. 산소가 부족한 상황에서는 아무리 맛있는 음식을 먹고, 아무리 좋은 것을 보고 들어도 전혀 즐겁지가 않겠죠? 마찬가지로 아이의 마음을 이해해주고 공감해주지 않으면, 마음이 산소 결핍 상태가 되어 아무리 좋은 말이라도 제대로 전달되지 않는답니다.

학교를 가지 않으려 떼쓰는 아이에게 '학교가 재미가 없나보네. 무슨 일이 있었니?' 하며 이해하려는 태도를 보이거나, 친구와 싸운 아이에게 '많이 억울했겠구나. 그래서 어떻게 했니? 속상했겠다' 같은 공감의 반응을 보여준다면 어떨까요?

주의해서 볼 점은 아이의 행동에 대한 옳고 그름의 판단이 없는 말이란 점이에요. 다만 이해와 공감만이 있을 뿐이지요.

마음 깊이 공감해주면 아이들은 자기 감정을 다 드러냅니다. 그 후에야 새로운 것을 받아들이고, 다른 시각으로 문제를 바라볼 수 있습니다. 감정으로 마음이 가득 찬 상태에서는 새로운 것을 받아들일 여유가 생기지 않지요. 어른들은 그릇된 행동을 바로잡아주지 않으면 혹시 아이들이 잘못된 방향으로 성장할까 봐 잔소리를 하는데요. 그럴수록 아이들은 방어적이 되고, 감정을 속으로 감추며 부모님과의 대화를 피합니다.

부모님들도 그런 경험 있을 거예요. 내 생각이나 의견의 잘못된 점을 공격받았을 때 틀렸다는 사실을 알면서도 괜히 그 입장을 완강하게 지키는 것처럼 말이에요. 부모님의 공감과 이해 속에서 아이는 자기가 느끼는 감정을 객관적으로 바라볼 수 있고, 스스로 다음 단계로 나갈 용기를 얻게 됩니다.

비슷한 예로, 사춘기 자녀와 서먹한 아버지를 들 수 있어요. 아버지도 분명 자녀를 사랑하고 한 걸음 다가서고 싶지만, 어떻게 해야 할지 방법을 모르기 때문에 서먹해지는 것이죠. 용기를 내서 아이들에게 먼저 말을 걸어보기도 하지만, 뜻대로 되지 않는 경우가 많아요.

왜 그런 걸까요? 아이들이 아버지를 싫어해서일까요? 문제는 대화의 방법입니다. 그럴 때는 당장 정답을 내리고 해결하기보다 먼저 어떤 부모가 되고 싶은지를 생각하는 것이 좋아요. 만약 친구처럼 가까운 아빠가 되고 싶다면, 가장 먼저 필요한 것이 무엇인지를 생각해보아야겠죠.

노력과 과정을 칭찬해주기

공감에 대한 욕구는 자신의 감정을 인정받고 싶은 마음에서 비롯됩니다. 다른 사람에게 인정받고자 하는 욕구는 누구에게나 존재해요. 아이뿐만 아니라 어른, 할머니, 할아버지도, 학식이 높은 학자나 전문가, 한 회사의 사장과 직원도 모두 인정과 칭찬이 꼭 필요합니다. 인정받고 싶은 욕구를 이해하고, 충족시켜 준다면 누구나 더 나은 사람이 될 수 있답니다. 대인관계를 잘 맺는 것은 상대방을 인정해주는 능력이기도 해요.

아이를 키우는 데 있어서도 인정과 칭찬은 필수적입니다. 하지만 인정과 칭찬에도 규칙이 있습니다. 결과가 아니라 노력과 과정을 칭찬해야 한다는 것이죠. 이에 관한 재미있는 실험이 하나 있어요. 미국의 스탠포드 대학에서 학생들을 두 집단으로 나누어, 한 집단에는 "똑똑하다"는 칭찬을, 한 집단에는 "열심히 노력했구나"라는 칭찬을 지속적으로 해주었습니다. 그리고 시간이 지난 후 두 집단의 학생들에 같은 수학문제를 풀게 했죠. 과연 어떤 결과가 나왔을까요?

똑똑하다는 칭찬을 들은 학생들은 어려운 문제에 도전하지 않았어요. 풀 수 있는 문제만 푼 것이지요. 반면 노력에 대한 칭찬을 들은 학생들은 어려운 문제를 두려워하지 않았고, 성적도 향상되는 결과를 얻었어요. 아무 생각 없이 남발하는 "넌 머리가 좋아"와 같은 칭찬은 오히려 역효과를 유발합니다. 혹시 내가 그렇게 똑똑하지 않다는 사실이 드러나면 사랑을 받지 못하는 것이 아닐까 하는 불안감을 가지거든요. 반면에 노력이나 발전에 대한 칭찬은 아이들에게 자신감을 심어주지요. "전보다 훨씬 잘하게 되었네. 어떻게 했니?", "와, 열심히 했구나. 열심히 하는 모습이 정말 멋져" 같은 노력과 과정에 대한 인정이 좋은 칭찬입니다. 꼭 멋진 말로 칭찬해줄 필요는 없어요. 진심은 통한다는 말이 있잖아요. 따뜻하게 안아준다거나, 손을 꼭 잡아준다는 것만으로도 아이들은 그 속의 진심을 느낄 수 있답니다. 좋은 대화와 바른 칭찬법, 이제 다들 아시겠죠? 그럼 다시 한 번 자녀에게 다가서 보세요. 자녀와 어떤 관계를 맺을지는 부모, 바로 여러분이 만들어가는 것이니까요.

아이를 변화시키는 엄마의 좋은 질문

아이의 말을 주의 깊게 경청하는 자세가 중요하다는 이야기를 했는데요. 그러면 엄마는 어떤 말을 아이에게 해주는 것이 좋을까요? 제 생각은, 말보다는 질문을 우선하는 것이 좋다고 봐요. 엄마가 아이에게 해주는 말이란 어떤 것일까요?

아마 대부분이 설교나 훈계일 것이라 생각해요. 아이가 잘되길 바라는 마음에서 하는 훈계지만, 일방적인 전달은 아이를 변화시킬 수 없답니다. 주입식 공부가 학습에서 별 도움이 되지 않는다는 사실을 이제는 흔히 알고 있지요. 아이가 스스로 호기심을 가지고 해결 방법을 찾아나서는 방식이 훨씬 효과적입니다. 엄마가 아이에게 일방적으로 훈계를 늘어놓는 것은 주입식 공부나 마찬가지예요. 훈계만으로는 아이를 변화시킬 수 없고, 아이 내부에서 스스로 생각하고 고민해야 좋은 변화가 찾아온다는 사실을 아셔야 해요.

그러므로 엄마는 아이에게 훈계가 아닌 좋은 질문을 해야 합니다. 질문은 스스로 생각하게 만들잖아요? 즉 엄마의 질문은 아이의 생각하는 힘을 길러줍니다. 그리고 질문한다는 것은 아이의 의견을 묻는다는 뜻이므로, 올바른 관심이고 사랑입니다. 문제를 깊이 생각해볼 수 있는 질문은 교훈적인 말보다 훨씬 효과적입니다. 우선 아이의 이야기를 충분히 들어주고 그 다음에는 질문을 던지면, 아이 자신이 무엇을 원하는지 분명히 인식하도록 돕는 일이 되지요.

바라는 것과 지금의 상태가 어떤지, 그 사이의 간격이 얼마나 되는지를 아이 스스로 생각하고 깨달을 수 있게 됩니다. 그리고 보다 발전적인 내부 변화가 일어나지요. 단, 질문을 하고 나서는 부모가 먼저 판단하거나 가정하지 않고, 아이가 진짜로 원하는 게 뭔지를 들어봐야 해요.

스스로 자라게 하는
질문의 힘

우리는 종종 고민도 하고 불평도 하지만, 바라는 것이 무엇인지는 잘 인식하지 못하고 이야기도 별로 하지 않아요. 그때 누군가가 질문을 해서 내가 원하는 것을 알고 나면, 고민이나 불평을 해결할 수 있는 새로운 힘이 생겨요. 아이의 경우도 마찬가지죠. 공부를 하라는 훈계가 과연 아이들에게 효과가 있을까요?
훈계는 오히려 아이들에게 반발심만 생기게 할지도 몰라요. 그때

"공부를 어느 정도로 잘하고 싶니?"라는 질문을 던지는 것은, 아이들이 바라는 상태와 지금 상태의 간격을 인식할 수 있도록 하지요.

부모는 아이에게 올바른 방법을 알려주고 행동을 바꾸고자 하는 마음이 있어요. 하지만 무엇이 올바른지를 가르쳐주는 방식만으로 사람의 행동을 바꿀 수 있을까요? 불가능하겠지요. 어른들에게 아무리 책을 읽어야 한다고 말해도, 스스로 책을 읽는 사람이 점점 줄어들고 있는 현실만 봐도 알 수 있잖아요.

아이들도 마찬가지예요. 아이에게 공부하라고 아무리 말해도, 왜 공부를 해야 하는지 생각해보지 않고서는 동기부여가 쉽게 되지 않아요. 그럴 때는 '어떤 것을 하면 네가 기분이 좋을까?', '어떤 공부를 하면 네가 즐겁게 할 수 있을까?', '뿌듯한 기분은 너를 어떻게 만들어줄까?', '그럼 어떤 때에 네가 뿌듯한 기분을 느낄까?', '어떤 사람이 되면 네가 행복하고 즐거울까?', '다른 사람들이 너를 어떻게 생각하면 네가 행복할까?' 같이 구체적이고 아이의 기쁨과 행복을 염두에 둔 질문이 좋겠지요.

이때 반드시 필요한 것이, 앞에서 강조한 경청입니다. 피상적으로 듣는 것이 아니라 아이의 대답 속에 숨겨진 감정과 가치, 욕구를 알아주는 거예요. 아이들은 질문과 대답을 통해서 자신을 발견할 수 있게 돼요.

질문을
잘하자

　　　　　　　　아이를 성급하게 판단하기 전에 무엇을 느끼는지, 기분은 어떤지, 어떤 계획이 있는지 먼저 물어보세요. 어린 시절을 떠올려 보면, 청소하라고 하면 청소하기가 싫고, 공부하라고 하면 공부하기가 더 싫었던 경험이 다들 있을 거예요. 남이 시키는 대로 하기를 진심으로 좋아하는 사람이 과연 있을까요? 아이에게 질문을 하는 것은 생각을 자극하고, 답을 찾도록 해주지요.

　이것은 선택권을 줌으로써 아이를 스스로 생각할 수 있는 사람으로 존중해주는 일이기도 해요. 지시받는 사람에서 스스로 결정을 할 수 있는 사람으로 되는 거예요. 그렇기 때문에 질문을 할 때에는 긍정적인 결론과 생각을 도출할 수 있도록, 결론으로 향하는 길을 살펴봐가며 질문을 하는 것이 좋습니다. 전체적 흐름을 생각하지 않고 무턱대고 질문하면 자칫 공격적이거나 부정적인 결론을 내릴 수 있기 때문이지요.

　스스로 내린 결론을 엄마가 존중해주는 일이 중요한데, 이때 부정적이거나 공격적, 파괴적 결론을 내렸다고 해서 엄마가 제지하면 아이로서는 엄마의 질문에 더 이상 신뢰를 가지지 못하고 스스로 생각한 결론이 잘못되었다는 생각에 자신감을 잃게 되지요.

　매일 컴퓨터 게임만 하는 아이가 있어요. 엄마는 게임을 그만하고 공부하라며 잔소리만 했지요. 컴퓨터를 없애버린다고도 하고, 용돈을 주지 않겠다는 협박도 해보았어요. 하지만 아이는 바뀌지 않았어요. 엄마는 아이를 혼내려고 했던 마음을 바꾸고, 스스로 문제를 해결할 수 있도록 질문을 했어요. '게임을 하는 이유가 무엇이니?', '왜 공부를 하기 싫니?', '내가 도와줄 수 있는 게 있니?' 같은 것들을 말이지요. 아이는 한참 생각하더니, '공부가 재미없어서'라고 대답했어요. 엄마는 공부를 재미있어서 하는 사람이 어디 있냐고 말하고 싶었지만, '너는 어떤 게 재미있니?', '게임 말고 재미있는 건 뭐가 있을까?' 하고 물어보았습니다.

아이는 재미있게 느껴지는 것들을 말했고, 엄마는 '어떤 수업 시간에 제일 신나니?', '어떤 과목이 재미있게 느껴지니?', '공부를 어떻게 하면 재미있게 할 수 있을까? 재밌는 방법 없을까?'라고 물어봤지요. 그랬더니 아이는 이런 저런 방법들을 말하기 시작했어요.

알고 보니 아이는 엄마의 높은 기대와 성적이 좋지 않았을 경우에 대한 불안감 때문에 아예 공부를 피하고 있었던 데다 자신에게 맞지 않는 학습법과 수준으로 힘들어 하고 있었어요. 이럴 때 엄마는 아이에게 공부의 결과보다는 과정을 칭찬해주고, 또 아이가 잘하는 것들을 인정해주고 아이에 맞는 학습법을 함께 찾아가는 일이 중요해요.

질문을 잘하는 것은 쉬운 일이 아니에요. 아이가 스스로 해답을 찾아가고 아이의 답을 인정해주기 위해서는 엄마의 마음속에서 정답을 지워야 하거든요. 인내심도 있어야 해요. 아이가 답을 찾을 때까지 섣불리 참견하지 않고 기다려야 하거든요.

 질문을 잘하기 위해서는 질문의 기술도 필요하지요. 첫 번째로는 닫힌 질문이 아니라 열린 질문을 해야 합니다. 닫힌 질문은 '예'와 '아니오' 두 가지 대답밖에 할 수 없는 질문이에요. '학교 재미있었어?', '지금 화났니?' 같은 것이죠. 반면 열린 질문은 대답하는 사람이 어떤 생각이나 말이든 자유롭게 할 수 있도록 하는 거예요. '지금 제일 하고 싶은 게 뭐니?', '어떤 기분이니?' 같은 것 말이에요.

 두 번째로는 정답이 뻔히 보이는 유도질문을 하지 않는 것이에요. '그 정도로 해서 잘 할 수 있겠어?', '친구한테 사과부터 하는 게 어떨까?' 하는 식의 질문은 묻는 사람이 답까지 이미 제시해버렸기 때문에, 자신을 제한하고 있다는 강한 거부감을 줄 수 있습니다. '네가 원하는 결과를 얻으려면 어떻게 해야 할까?' 정도가 좋겠지요.
 좋은 질문은 질문 받은 사람이 생각하게 하고, 생각을 통해 사람을 성장시킵니다. 이제 그만 훈계나 설교는 내려놓으세요. 닫힌 결말로 구태의연한 교훈을 주는 것보다, 열린 결말로 아이를 생각하게 만드는 동화가 필요한 시대지요.
 엄마도 마찬가지입니다. 뻔하고 식상한 설교는 아이에게 아무런 감흥을 주지 않습니다. 좋은 질문으로 아이의 내면이 발전적으로 성장할 수 있도록 도와주세요.

성공과 행복보다 더 중요한 것

저는 많은 엄마들이 육아에서 올바른 세계관과 가치관 등을 놓치고 있다고 생각해요. 많은 엄마들은 내 아이의 행복, 내 아이의 성공을 간절히 바라고 또 바랍니다. 아이의 행복과 성공을 위해서 공부를 시키고, 모든 것을 다 해주려고 하지요. 행복하고 성공하면 됐지, 그 이상 바랄 것이 있느냐고요? 하긴 그래요. 아이가 행복하고 성공하길 바라는 것은 당연한 일이고, 전혀 이상한 일이 아닙니다. 그런데요, 행복과 성공이 인생의 모든 것이라 단언할 수 있을까요? 정말 그보다 중요한 것은 없는 걸까요?

더 중요한 것은 무엇일까?

이 책에는 공부에 중심을 둔 부분이 있지만, 이 책을 읽는 엄마가 공부만 가르치기를 바라고 쓴 책은 아니에요. 엄마가 아이에게 가르쳐야 할 것은 공부만이 아닙니다. 오히려 공부보다 가치교육에 더욱 힘을 써야 한다고 생각해요.

아이의 기량이나 성적은 아이의 성과를 보여주는 지표가 되지요. 그러나 아이가 어떤 사람인가를 보여주는 지표가 되지는 못합니다. 아이가 어떤 사람인지를 보여주는 것은 성적이 아니라 아이가 가진 가치관이지요. 아이의 가치관에 따라 아이의 인성, 인격, 근본을 알 수 있지요. 그런데도 현대 한국 사회는 가치교육에 대해서 너무나도 무지한 상태입니다.

경쟁사회 속에서 살다보니 많은 가치관이 무너지고 퇴색되었지요. 이제는 이익이 중요하고 이해관계가 더 중요한 사회가 되었습니다. 옳고 그른 것, 정의로운 것, 나누는 것에는 아무도 관심을 갖지 않지요. 어른들은 금전적인 문제 때문에 형제와 싸우고, 부모를 버리기도 합니다. 나라와 국민을 위해서 정치하는 것이 아니라 자신의 잇속을 위해서만 움직이는 정치인들이 당당하게 TV에 나옵니다. 자신의 것을 내어주고 사회의 공익을 우선하는 사람이 아니라 아랫사람을 착취하고 소비자를 속여먹는 기업인이 존경받고 부러움을 사는 시대가 되었습니다. 참 가슴 아프고 씁쓸한 일이지요.

그렇다 보니 어른들도 아이에게 잘못된 가치관을 심어주고 있습니다. 성공 앞에서는 친구도 경쟁자다. 친구를 밟고 앞으로 나아가는 것은 당연하다. 친구를 친구라고 생각하지 마라. 이런 말을 하는 부모들이 도처에 있지요. 물론 이런 말을 안 하는 부모도 있습니다. 그렇지만 생활 속에서 아이들에게 가치의 중요성보다 성공의 중요성을 심어주는 부모가 정말로 많답니다.

길을 지나다니다 노숙자가 눈에 띄면 '저런 사람들은 실패한 사람들이야. 너는 저런 사람이 되어선 안 된단다. 노숙자가 안 되려면 공부를 열심히 해야 해'라고 말하는 부모. 가난한 친구, 혼혈아 친구, 한 부모 가정 친구를 당연하게 차별하며 '저런 애들이랑 놀아서는 안 돼'라고 말하는 부모. 공부를 안 하는 아이를 붙잡고 '공부 안 할 거야? 공부 안 하면 공장가서 미싱이나 돌려야 돼'라고 말하는 부모. 차별을 당연하게 가르치고, 잘난 사람만이 성공한 인생이라고 말하는 부모 아래서 자란 아이가 과연 훌륭한 사람이 될 수 있을까요? 존경받고 사랑받는 사람이 될 수 있을까요?

존경받고 사랑받는 사람으로 키우려면

아이에게 제대로 가치교육을 하고 있다고 생각하는 부모도 많을 것입니다. 그러나 부모가 먼저 자신의 가치관과 행동이 어떤지 생각해볼 필요가 있어요. 아이에게는 도덕과 윤리를 엄격하게 가르치면서 본인은 그것을 잘 지키지 않는 경우가 많지요. 길거리에 아무렇지도 않게 쓰레기를 버리거나 무단횡단을 하는 등 사회규칙을 지키지 않는 부모가 아이에게 사회규칙을 지키라고 한들 소용이 있을까요? 남을 돕지 않을뿐더러 남을 돕는 사람을 오지랖 넓고 한심한 사람으로 여기는 부모가 아이에게 남을 돕는 상부상조의 정신을 가져야 한다고 설파한들 아이가 진심으로 이해할 수 있을까요?

 당장 이득이 되는 인간관계만 맺고 잇속만 차리는 부모가 세상에는 돈 말고도 중요한 것이 많다고 가르친들 설득력이 있을까요? 남을 쉽게 차별하고 험담을 자주 하는 부모가 친구와 사이좋게 지내야 하며 왕따는 나쁜 것이라고 얘기하면 아이가 믿을까요? 종업원을 하대하고 소위 '갑질'을 하며 아랫사람을 함부로 다루는 부모가 아이에게 사람의 귀함을 말하고 타인을 존중해야 한다고 가르친들 아이가 정말 그 가르침을 따라 행동할까요?

 아이는 부모를 모델로 삼고 그 영향을 받으며 성장합니다. 내 아이가 올바른 가치관을 가지고 건강한 정신을 가진 사람으로 성장하길 바란다면, 바로 부모부터 변해야 합니다. 아무리 말로는 좋고 정직한 것을 가르쳐도, 부모의 행동이 변하지 않으면 아이는 부모의 행동을 닮아갑니다. 오히려 자신의 행동과는 다른 말을 하는 부모에 대한 불신이 생기지요. 아이가 존경받는 사람이 되길 바란다면 스스로가 존경받는 사람이 되어야 합니다.

눈에 보이지는
않지만

가치관은 눈에 보이지 않고 객관적인 데이터로 나타낼 수 없기 때문에 실질적으로 별 기능이 없다고 생각하는 사람도 많습니다. 눈에 보이지 않는 가치관보다는 눈에 보이고 손으로 만질 수 있는 돈이나 지위가 중요하다고 생각하기 쉽지요. 그러나 보이지 않는 것일수록 사실은 가장 중요한 것입니다.

사랑은 눈에 보이지 않고 행복은 만질 수 없지만, 우리네 인생에서 실체를 가지고 기능을 하지요. 그래서 삶에서 아주 중요한 역할을 차지하잖아요. 가치관 역시 마찬가지예요. 보이지 않고 만질 수 없지만 실체가 없는 것은 아닙니다. 가치관은 바로 그 가치관을 지닌 사람의 가치를 결정합니다.

우리는 사람을 판단할 때 그 사람의 지위나 업적, 권위로만 판단하지 않습니다. 그 사람의 인격, 인품, 가치관으로도 판단하지요. 우리 사회에 큰 울림을 주신 법정 스님이나 프란치스코 교황을 떠올려보세요. 그분들이 돈을 많이 벌어서, 대단한 권력이 있어서, 사회적으로 큰 성공을 거두었기 때문에 사람들이 존경하고 사랑하는 것이 아닙니다. 탐욕적이고 세속적인 삶을 버리고, 스스로를 단련하며, 주변 사람들과 나누고 더 낮은 곳을 생각하고 바라볼 줄 아는 그분들의 가치관에 감명을 받는 것이지요.

아이의 가치를 결정하는 것은 성공이 아니라 가치관입니다. 내 아이가 공부를 잘 하여 좋은 대학에 진학하고, 유명 기업에 취직하여 사회적인 성공을 거두게 되면 물론 좋겠지요. 그러나 높은 성적, 좋은 대학, 이름을 들으면 누구나 알 만한 유명 기업, 고액의 연봉, 비싼 외제차와 고급스럽고 멋진 집, 이러한 지표들이 성공한 아이의 가치를 말해주지는 않습니다. 수치로 환산할 수 있는 데이터일 뿐이지요.

내 아이가 어떤 사람과 친한지, 평소 친구들과 어떤 교우관계를 맺는지, 수업태도가 어떤지, 어른들을 어떤 태도로 대하는지, 약자를 어떻게 대하는지, 동식물을 어떻게 여기는지, 사회규범을 잘 지키는지. 이렇게 수치로 환산할 수 없는 것이 아이를 말해줍니다.

공부를 잘 하지만 친구들에게 미움을 사는 아이가 행복할까요? 돈을 많이 벌지만 주변 사람들에게 저주와 비난을 듣는 사람이 진짜 성공한 것일까요? 우리는 아이를 키우면서 가치관을 다시 생각하고 정립할 필요가 있습니다.

아이가 어떤 학원에 다니는지, 어떤 과외교사에게 배우는지, 학교 성적이 어떤지에 너무 치중하지 마세요. 아이를 만드는 것은 부모가 아이와 어떤 관계를 유지하는지, 부모가 아이에게 어떤 말을 주로 하는지, 아이가 친구와의 갈등을 어떻게 해결하는지와 같은 일상적인 데서 시작된답니다.

모든 아이들에게는 저마다 각자의 탤런트가 주어졌습니다. 각자에게 맞는 다양한 재능을 가지고 태어났지요. 그런데 그 재능이 크건 작건, 미약하건 위대하건 간에 가야 할 방향은 똑같습니다. 바로 세상을 이롭게 해야 한다는 것이지요.

  아이가 가진 탤런트는 아이 혼자, 아이 자신만을 위해 쓰려고 있는 것이 아니에요. 열심히 공부하고 재능을 갈고 닦아 발휘하여, 세상에 빛이 되기 위해 존재하지요. 세상에 빛이 되지 않고 본인만을 위해 쓰이는 재능은 상자 속의 빛과 같아요. 가치가 없는 것과 마찬가지지요. 즉, 우리는 이 땅에 태어날 때 세상을 이롭게 하는 소명을 가지고 태어난 셈입니다.

  단군할아버지가 이 땅에서 나라를 만드실 때 말씀하신 홍익인간도 같은 이치지요. 내 아이가 성공한 독불장군으로 사는 것이 아니라, 시대와 세상에 위로가 되고 도움이 되는 인재로 살아갈 수 있도록 엄마부터 다시 가치를 생각해야 할 때입니다.

스스로 공부하게 하는 엄마

공부를 도와주는 호르몬의 비밀

감정이 아이의 정서에 많은 영향을 끼친다는 사실, 이제 잘 아시겠지요. 그런데 이 감정은 학습에도 큰 영향을 준답니다. 감정이 학습에 영향을 준다니, 기분이 좋으면 공부가 잘되고 기분이 나쁘면 공부가 안 되는 뭐 그런 것일까요? 아니에요. 이보다 훨씬 구체적이고 과학적인 증거가 있답니다. 감정이 학습 동기를 불러일으키고, 집중하게 만들고, 창의력을 샘솟게 한다는 증거 말이죠.

감정은 사람이 주체적으로 느끼고 있는 것이 아니라 체내에서 분비되는 호르몬으로 일어나는 현상이라고 볼 수 있는데요, 감정과 관련된 호르몬은 약 50가지가 있답니다. 그 중에서도 학습에 직접적인 영향을 주는 호르몬이 있어요. 이 호르몬들의 분비량에 따라 공부가 즐거워지기도, 너무나 싫어지기도 한답니다. 그럼 공부에 도움을 주는 호르몬에는 어떤 것들이 있는지 알아볼까요?

대표적인 공부호르몬, 세로토닌

세로토닌은 행복을 만들어주는 호르몬으로 잘 알려져 있죠. 세로토닌이 분비되면 사람은 행복을 느낍니다. 이때 느끼는 행복은 엔도르핀이 주는 강한 쾌감이 아니라 여유롭고 따뜻한 감정이랍니다. 세로토닌이 다시 흡수되거나 잘 분비되지 않으면 우울한 기분을 느끼고, 이 상태가 지속되고 악화되면 우울증이 생기지요.

세로토닌은 행복을 만들어줄 뿐만 아니라 수면이나 기억, 식욕 등에도 관여합니다. 건강한 수면 리듬과 식욕 조절에 도움을 주어 생기 넘치는 일상을 만들어주지요.

우울하면 잠을 잘 자지 못하고 식욕도 없죠? 심지어 기억력까지 떨어지고 생기와 활력이 부족해지는 경우도 있고요. 이러한 현상은 세로토닌이 부족해 제 역할을 하지 못하기 때문에 발생한답니다. 이처럼 세로토닌은 사람의 행복을 위해 반드시 필요한 호르몬입니다. 뿐만 아니라 세로토닌은 대표적인 공부호르몬이기도 해요. 행복호르몬이 공부호르몬이라니 참 신기하지요?

세로토닌은 행복을 느끼게 해줄 뿐만 아니라 지나친 감정을 가라앉혀주기도 합니다. 중독성이 있는 도파민, 공격성을 보여주는 노르아드레날린, 사람을 흥분시키는 아드레날린의 과잉 분비를 조절하여 정서적으로 침착하고 안정적인 상태를 만들어주지요.

세로토닌이 충분히 분비되는 아이는 자기감정을 잘 조절할 줄 알고, 충동적인 행동을 하지 않습니다. 안정된 상태가 유지되어 집중력도 강해지고, 편안하고 긍정적인 마음으로 공부할 수 있답니다.

반면 세로토닌이 부족한 아이는 작은 통증에도 크게 아픔을 느끼며 면역력이 떨어져 질병에도 취약합니다. 별것도 아닌 일에 흥분하여 화를 내거나 충동적인 행동을 하게 되고요. 그러니 책상에 앉아 차분하게 공부하기란 거의 불가능하지요. 식욕 조절이 제대로 되지 않아 밥을 거부하거나 폭식하게 될 수도 있고, 우울증을 앓을 위험도 높습니다.

세로토닌 정말 중요하죠? 그럼 어떻게 해야 세로토닌의 분비를 활성화할 수 있을까요? 규칙적으로 햇볕을 쬐거나 기분 좋게 숙면을 취하는 것이 중요해요. 우울증 환자에게 해를 많이 보라고 하는 것도 그 때문이지요. 또한 세로토닌의 생성에는 필수아미노산인 트립토판이 필요합니다. 트립토판은 콩, 바나나, 연어와 고등어에 많답니다. 그리고 비타민 B6, B12, 엽산 또한 큰 도움을 주지요.

적당한 긴장이 만들어내는 탄력, 노르아드레날린

노르아드레날린은 사실 스트레스와 관련이 있는 호르몬이에요. 위기 상황에 처했거나, 긴장하거나 스트레스를 받을 때 이것이 생성되지요. 노르아드레날린이 분비되면 흥분 상태가 되어 몸을 지키려고 하지요.

네? 그럼 공부에 도움이 되는 것 맞느냐고요? 물론입니다. 노르아드레날린의 효과는 일상에서도 자주 볼 수 있답니다. 피아노 연습을 아무리 해도 자꾸만 실수를 하던 아이가, 막상 대회에서는 실수 한 번 없이 멋진 연주를 하는 것을 예로 들 수 있어요. 긴장해서 덜덜 떨던 아이가 발표를 할 때는 씩씩하게 잘해내는 경우도 많고요. 급한 일이 있거나 과제 마감이 코앞에 닥쳤을 때, 평소보다 훨씬 빠른 속도로 해결해낸 경험은 누구에게나 있을 거예요.

이 모든 것이 노르아드레날린 덕분이랍니다. 긴장이나 위기 상태에 놓이면 이 물질이 분비되어 집중력을 높이고, 놀라운 능력을 발휘하게 만들어주죠. 위기상황에 갑자기 괴력이 생기는 것도 이 때문입니다. 그야말로 실전을 위한 호르몬이라고 할 수 있습니다.

노르아드레날린은 일상적인 공부에도 도움이 되는데요, 우선 아이의 머리가 맑아지고 집중력을 발휘할 수 있도록 도와줍니다. 그래서 결과적으로 학업성취도가 높아지고, 학습에 탄력을 주게 되는 것입니다.

무조건 나쁘다고 생각했던 스트레스가 긍정적인 작용도 하는 셈이지요. 그러나 노르아드레날린이 도움이 되려면 극복할 수 있을 정도의 적당한 스트레스를 자극으로 활용하는 선에서 그쳐야 합니다. 지나친 스트레스는 만병의 근원이니까요.

노르아드레날린이 과잉 분비되면 화가 치솟고 심장이 두근거립니다. 식은땀이 나고 털도 바짝 섭니다. 소화도 잘 안 되고요. 심하면 호흡곤란이 올 수 있고, 경련이나 발작을 일으키기도 해요.

 아이에게 자극이나 스트레스를 줘서 학습효과를 높이겠다고 무작정 비교하는 말을 하거나 비난하는 말을 해서는 곤란합니다. 스스로 느끼는 자극, 즉 극복할 수 있고 스스로 극복하고 싶은 정도의 스트레스만이 공부에 도움이 된다는 사실, 잊지 마세요!

엄마, 나 공부하고 싶어요!
도파민

 도파민은 엔도르핀만큼이나 유명한 쾌감 호르몬입니다. 이 도파민은 새로운 것을 아주 좋아해요. 뇌가 새로운 것을 접하면 도파민은 신이 나서 마구 분비됩니다. 그래서 집중력이 높아지고 탐구력과 창의력이 생겨납니다. 새로운 것을 온전히 받아들이기 위해서지요.

 게다가 도파민의 힘으로 기분도 좋아집니다. 그러면 어떤 일이 벌어질까요? 새로운 것을 공부한 아이는 자연스럽게 공부가 재미있고 즐거운 것이라고 인식하게 됩니다. 그래서 도파민이 분비되는 학습 경험은 아주 중요한 것이지요.

 도파민을 긍정적으로 이용하면 아주 멋진 호르몬이 됩니다. 전보다 높은 단계의 성과를 얻었을 때도 도파민이 분비되는데, 남이 도와서가 아니라 스스로 해냈을 경우에 분비량이 늘어납니다. 도파민은 학습 욕구를 자극해서 아이로 하여금 자꾸 공부를 하고 싶게 만

듭니다.

    듣기만 해도 멋지지요? 도파민은 세로토닌처럼 항상성을 유지하는 호르몬이 아니기 때문에 끝도 없이 치솟을 수 있답니다. 여기에 엄마가 공부하는 모습을 칭찬까지 해준다면 아이는 새로운 것을 배우고 학습하는 것에 푹 빠질 수 있게 됩니다.

    도파민을 분비시켜 아이가 공부를 좋아할 수 있게 만들려면, 아이에게 새롭고 특별한 경험과 콘텐츠를 제공해주는 것이 중요합니다. 그런데 하나 주의할 점은 아이가 싫어하거나 잘하지 못하는 것이라면 아무리 새롭다고 하더라도 억지로 권유해서는 안 됩니다.

    싫어하는 것을 접하면 그것이 새로운 것이라 할지라도 스트레스를 받아 스트레스 호르몬이 분비되지요. 도파민은 성공의 경험이 있을 때 효과적으로 생성되기 때문에 학습을 잘하지 못해 실패의 경험을 쌓으면 기피하게 됩니다. 아이 스스로가 재미있고 쉽게 할 수 있는 것부터 조금씩 범위와 수준을 확장해나가야 한답니다.

    도파민은 학습에 잘 활용하면 큰 도움이 되지만, 학습에 방해가 될 때도 많습니다. 도파민은 중독성을 가지고 있으므로 익숙한 것을 반복적으로 접하게 되면 새롭고 보다 자극적인 것을 찾아 나서려고 합니다.

    많은 아이들이 컴퓨터 게임이나 텔레비전, 스마트폰에 중독되는 것도 바로 이런 이유에서입니다. 게임과 텔레비전, 스마트폰은 자극적이고 새로운 것을 쉽고 다양하게 공급합니다. 그리고 조금만 노력해도 성취감을 얻을 수 있기 때문에 도파민이 빠르게 분비되어 중독에 빠지게 됩니다. 그러므로 신선한 학습의 경험을 많이 제공해주시고, 컴퓨터 게임은 가급적이면 제한해주세요.

기억력이 쑥쑥, 아세틸콜린

아세틸콜린은 학습 및 기억력과 관련이 있는 호르몬입니다. 지나친 흥분을 억제하고 깊은 수면을 유도하기도 하지요. 또한 뇌에 기억을 저장하고 주의를 집중하는 것을 돕는 역할도 담당하고 있고요. 이 아세틸콜린이 부족하면 발생하는 질병이 알츠하이머병이에요.

아세틸콜린이 기억력에 도움이 되는 이유는 해마와 연관이 있답니다. 기억을 담당하는 해마는 아세틸콜린을 생성하는 부위와 시냅스로 긴밀하게 연결되어 있어요. 그래서 아세틸콜린이 많이 분비되면 해마도 활성화되어 기억력이 좋아지는 것이랍니다.

아세틸콜린의 생성을 돕는 대표적인 음식으로는 콩과 달걀이 있습니다. 날걀은 흰자보다 노른자가 기억력에 도움이 됩니다. 그러나 흰자에도 건강한 단백질이 많이 함유되어 있으므로 함께 먹이는 것이 좋겠지요?

행복한 공부의 시작

아이 스스로 행복하게 공부하기 위해서는 엄마부터 준비가 되어야 합니다. 아이 혼자서 자신에게 맞는 올바른 공부법을 찾기는 힘들거든요. 행복한 자기주도 학습은 갑자기, 저절로 이루어지는 것이 아니니까요. 구체적인 설계와 과정에 대한 이해, 정확한 목표지점이 있어야 주도적인 학습이 가능하지요.

  공부를 대하는 자세는 곧 삶을 살아가는 자세와 같지요. 스스로 공부하는 태도를 가진 아이는 삶 역시 주체적으로, 도전적으로 살아갑니다. 해야 할 공부를 무작정 미루는 아이는 일상생활이나 인생 전반에서도 비슷한 태도를 보이게 되지요. 그래서 엄마는 아이가 좋은 공부 습관을 가질 수 있도록 성성껏 코칭해 주어야 합니다.

행복한 공부의
필수 요소

　　　　　　자, 여기 행복한 공부에 필요한 요소를 모두 소개합니다. 스스로 공부를 찾아 하고, 행복하고 즐겁게 공부를 할 수 있도록 도와주는 이 여덟 가지 요소는 아이가 아니라 엄마가 반드시 알고 있어야 합니다.

　무작정 공부를 시키면 행복한 공부는커녕 아이를 책상에 앉히는 것도 힘들 거예요. 아이가 공부에 집중하지 않으니 엄마는 좀 더 강압적으로 공부를 시키게 되고요, 아이는 억지로 공부를 시키는 엄마를 멀리하게 될 수밖에 없습니다. 엄마가 학습에 대해 구체적으로 이해를 해야 행복한 공부의 시작을 마련해줄 수 있겠지요.

학습 출발점
찾기

　　　　　　모든 것에는 시작이 있지요. 학습 역시 마찬가지로 시작점이 있습니다. 모든 아이들의 출발점이 다 똑같지는 않아요. 아이마다 신체 조건이 다르고 발달 속도가 다르듯, 지능이나 감성, 재능, 성향, 학습 능력에도 차이가 있습니다.

　어떤 아이는 그림 그리는 것을 잘하고 좋아하는 반면 어떤 아이는 밖에 나가 운동하는 것을 더 좋아하지요. 어떤 아이는 사회 과목에 대한 이해가 높은 반면 어떤 아이는 자연과학에 대한 이해력이 높습니다. 어떤 아이는 조용한 환경에서 혼자 공부할 때 집중력을 발휘하는가 하면, 어떤 아이는 조별 학습을 할 때 탁월한 협동심과 리더십을 발휘하기도 합니다.

구구단을 빨리 외우는 아이와 그림을 잘 그리는 아이를 앉혀두고 수학 과목을 동일한 과정과 속도로 가르치면 어떻게 될까요? 혼자서 공부해야 하는 아이와 조별 학습 때 진가를 발휘하는 아이를 똑같은 환경에 놓고 공부를 시키면 어떻게 될까요? 아이들 모두 효과적으로 배우고 이해했을까요? 동일한 결과를 냈을까요? 그렇지 않겠죠.

같은 환경에서 같은 공부를 해도 상대적으로 잘 따라가는 아이가 있는 반면 진도를 따라가는 데 어려움을 느끼는 아이도 반드시 있기 마련입니다.

학습 출발점 찾기는 내 아이의 실력과 성향을 정확히 파악하고 인정하는 것부터 시작해야 합니다. 내 아이가 무엇을 잘하고 어디에 관심이 있는지, 어느 정도의 이해력을 가지고 있는지, 어떤 과정을 통해 학습했을 때 효과적인지, 어떤 환경과 조건에서 진가를 발휘하는지 알아야 학습 출발점이 파악되지요.

아이에 대한 이해가 없으면 학습 출발점을 찾을 수가 없겠죠. 급한 마음에 내 아이의 학습 출발점도 모른 채 무작정 진도만 나가면 공부에 대한 흥미가 사라지는 것은 물론 효율도 떨어지게 됩니다.

학교진도에만 맞추어, 혹은 선행학습을 무리하게 진행해 공부를 시키면 모르는 것은 계속 모르는 채 학습의 빈자리만 쌓아가게 되므로 실력이 늘 수가 없겠지요. 자기주도 학습법에서 학습출발점을 찾아야 한다는 것은 바로 이 때문이죠.

 학습 출발점을 찾을 때 중요한 점은 아이를 구체적으로 파악해야 한다는 것입니다. 엄마들은 단순히 '우리 아이는 국어를 잘 해'라고 말하곤 하는데요. 국어를 잘하는 모든 아이가 똑같은 재능을 보이는 것이 아닙니다.
 책을 읽고 요약정리를 잘하는지, 받아쓰기를 잘하는지, 글짓기 같은 창조과정을 잘하는지 등에 따라 국어에 관한 재능도 다르지요. 글짓기를 잘하는 아이도 시를 잘 쓰는 아이, 이야기를 잘 만드는 아이, 실용문을 잘 쓰는 아이 등 여러 가지로 나뉩니다. 단순히 이과나 문과, 혹은 한두 과목 정도로 피상적인 판단을 하는 경우가 많은데 아이의 재능과 실력, 성향을 구체적으로 알면 아이의 학습 출발점을 찾을 때 더욱 도움이 되겠지요.

 학습 출발점에서 또 하나 중요한 것은 아이의 무한한 가능성을 믿어주는 일입니다. 많은 엄마들이 아이의 재능을 찾으면 '우리 아이는 이것만 잘 할 거야', '우리 아이는 그림을 잘 그리니 화가가 되어야 해' 하고 단정 짓고 마는데요.
 인간은 원래 무한한 가능성을 지녔고, 내 아이 역시 무한한 가능성이 있다는 사실을 엄마가 꼭 알고 있어야 합니다. 그림을 잘 그린다고 해서 인생이 한 갈래의 길만 있는 것이 아닙니다. 미처 알지 못했던 잠재력을 개발하여 아름다움을 잘 이해하는 과학자가 될지도 모르지요.

엄마가 아이의 재능이나 성향을 가지고 미리 한계를 정해두는 것은 아이의 인생에 유리 천장을 만들어두는 것과 똑같습니다. 더 발전할 수 있는 아이를 엄마가 막아서는 안 될 일이지요.

아이의 학습 능력에 대해 객관적인 판단을 내렸다면, 그 후에는 아이의 흥미와 적성, 능력에 맞춰 학습방법을 달리해야 합니다. 무엇이든 쉽고 재미있어야 자꾸 하고 싶지요. 학교를 보내지 않고도 홈스쿨링을 통해 뛰어난 성과를 이루었다는 이야기를 기사에서 가끔 보셨을 텐데요, 이런 사례가 바로 아이의 학습 출발점을 제대로 찾아 적합한 학습법으로 지도한 경우랍니다. 물론 홈스쿨링이 꼭 정답은 아닙니다. 초등학교에서 시행하는 기초적인 학습은 살아가는 데 꼭 필요한 부분들이 많으니까요. 공부뿐만 아니라 사회의 규칙을 배우고, 인간관계를 통해 사회성도 키울 수 있기 때문이지요. 그러니 부모님들이 꼭 기억해야 할 점은 공부법을 고민하기 이전에 내 아이를 정확히 이해하고, 파악해야 한다는 것입니다. 학습 출발점을 통해 자신에게 꼭 맞는 학습법을 찾은 아이는 학교에서도 효과적으로 수업을 이해할 수 있으며, 집에 돌아와서도 신이 나서 스스로 공부하게 될 테니까요.

원리와 개념 이해

　　　　　　공부에서 응용이 중요하다는 사실, 다들 알고 계실 거예요. 응용 중심의 공부를 해야 한다고 교육부에서 얼마나 강조를 했는지요. 많은 엄마들이 응용이 중요하다는 것을 들어서 알고 있고, 아이에게도 응용의 중요성을 설파합니다. 그런데 정작 응용력을 키우는 방법은 모른 채 무작정 암기식 교육을 시키죠. 응용이란 책상에 무작정 오래 앉혀 둔다고 생기는 것이 아니에요.

　응용을 하기 위해서는 원리와 개념을 반드시 이해해야 합니다. 사물이 구성되는 원리를 모르고 현상의 일반적인 개념을 알지 못하면 알고 있는 지식을 다른 사례에 적용할 수가 없거든요.

　구구단을 예로 들어볼게요. 곱셈을 배울 때 보통 구구단부터 시작하는데, 일단 외우고 보는 식이 되어버리면 아이는 구구단을 외우는 데에도 많은 시간이 걸립니다. '7에 5를 곱하는 것은 7을 다섯 번 더하는 것'이라는 개념이 없다면 아이 입장에서는 '칠오삼십오'라는 의미를 알 수 없는 단어를 외우는 것처럼 느끼게 되겠죠. 영어단어를 뜻도 모르고 외우는 것이나 마찬가지예요.

　반면 곱셈의 원리와 개념을 이해하는 아이는 구구단의 구조도 이해하기 때문에 좀 더 쉽게 구구단을 외울 수 있고, 복잡한 수식의 연산은 물론 문장제 문제도 쉽게 풀 수 있습니다. 문장제 문제는 개념을 이해해야 무슨 식을 만들어 풀 수 있는지 알기 때문이지요.

수학은 패턴읽기가 중요한데, 패턴을 읽는다는 것은 바로 개념과 원리를 이해하고 있어야 가능해요. 개념과 원리를 이해하는 것 이외에, 암기가 꼭 필요한 과목과 영역도 있습니다. 예를 들면, 사회 과목에서 역사적 사실은 외워야 하는 것이지요. 하지만 그 배경과 과정, 그리고 결과는 이해해야 하는 것입니다. 진흥왕 순수비를 어디에 세웠는지는 외워야 하지만, 왜 순수비를 세웠는지, 왜 그곳에 세운 것인지 목적과 이유를 알아야 외우기 쉽습니다. 공부는 곧 생각하는 힘을 키우는 것이니까요. 무턱대고 외우는 것은 곧 잊어버리게 됩니다.

사물이 돌아가는 이치를 알게 되면 응용은 자연스럽게 뒤따라옵니다. 요리를 예로 들면 더 확실하게 알 수 있지요. 식재료와 조리 과정에 대한 이해 없이 레시피를 통째로 달달 외워 요리하는 사람과, 식재료에 대한 이해가 깊고 조리의 원리를 아는 사람 중 누가 더 요리를 잘할까요? 레시피를 수백 개나 외운 사람이 실력이 더 뛰어날까요? 그렇지 않겠지요.

당연히 요리의 기초에 이해가 깊은 사람이 더 맛있는 요리를 할 거예요. 레시피를 외우기만 한 사람은 요리할 양이 늘어나거나 조리 환경이 바뀌면 갈피를 잡지 못하고 우왕좌왕하며 요리를 망치기 마련입니다.

그뿐인가요? 퓨전 요리를 만들 줄도 모르겠지요. 레시피는 알지만 원리를 모르니까요. 반면에 식재료와 조리 과정에 능통한 사람은 퓨전 요리도 능숙하게 만들 것이고, 기존에 없던 새로운 레시피도 개발할 수 있습니다. 아이의 공부도 마찬가지예요. 원리와 개념을 알고 이해하면 자신만의 새로운 발견을 할 수 있답니다.

그러므로 오늘부터라도 아이에게 암기를 강요하지 마세요. "외운 것 말해 봐"와 같은 결과 위주의 검사는 학습에 절대 좋은 영향을 끼치지 않아요. 결과를 위해서 외운 것은 쉽게 잊어버리기 마련이고, 응용에도 아무런 도움이 되지 않습니다. 대신 아이가 정말로 배운 것을 제대로 이해했는지에 관심을 가져주세요. 개념과 원리의 이해는 학습뿐만 아니라 인생 전반에 꼭 필요한 것이랍니다.

직접 학습

잠깐 질문 하나 할게요. 아이가 공부를 해서 얻었으면 하는 것이 무엇인가요? 혹시 좋은 성적표나 명문 대학은 아닌가요? 그렇다면 다시 한 번 생각해보세요. 높은 점수와 등수가 최우선인지를요. 물론 결과도 중요합니다. 그러나 정말로 우선되어야 할 것은 과정이 아닐까요? 열심히 공부하고, 무언가를 배우고 깨닫고, 탐구하는 과정이야말로 종잇장에 불과한 성적표보다 더 가치 있고 소중한 것입니다. 참된 과정이 있어야 더욱 진취적인 학습이 가능하지요.

그렇기 때문에 엄마는 아이가 직접 학습을 할 수 있도록 도와주어야 해요. 실력 좋은 과외 선생님을 붙여주고, 유명한 학원에 보내고, 여러 가지 학습지를 시키는 등 성적을 위해 물심양면으로 노력하는 엄마가 많지요. 분명 성적이 오르기도 할 겁니다. 그런데 이것들이 과연 아이에게 얼마나 도움이 될까요? 다른 사람이 하나하나 일러주고, 끌어가는 공부 방법이 주도적인 학습에 도움이 될까요?

스스로 즐겁게 공부할 수 있도록 만들려면 아이의 힘을 믿어야 합니다. 처음에는 실패도 하고, 여러 가지 시행착오를 겪겠지만 그럼에도 스스로 해답을 찾아가는 과정은 꼭 필요해요. 옆에서 일일이 문제풀이를 해주고 틀리지 않도록 가르쳐주는 것은 단기적인 해법에 지나지 않습니다. 인생이 그러하듯 공부 역시 직접 부딪쳐가며 스스로 해결 방법을 찾아야 합니다. 타인이 닦아 놓은 길만 걷던 아이는, 길이 끊기면 벽에 부딪치고 말아요.

공부는 길을 찾는 과정과 똑같습니다. 어딘가에 목적지가 있고 정답이 있어요. 내비게이션을 켜고 운전을 하거나 바닥에 길게 이어진 화살표를 보고 걸으면 쉽게 목적지에 도달할 수 있지요. 길을 헤맬 염려도 없고, 빙 돌아가는 일도 없이 가장 빠른 시간에 가장 짧은 길을 걸어 도착할 수 있습니다. 대신, 목적지로 가는 길을 배우지는 못하지요. 다시 같은 목적지에 가려고 해도 길을 모르기에 내비게이션에 의지할 수밖에 없습니다. 내비게이션이 시키는 대로 50m 앞에서 우회전을 하고, 가라는 곳으로 핸들을 돌리면서요. 내비게이션을 켜고 가면 주변 풍경이 눈에 들어오지가 않지요. 길을 외울 틈

이 없는 것입니다. 그러다 내비게이션이 고장 나거나, 없어지기라도 한다면 어떻게 될까요?

 직접 길을 찾아 나선 사람은 처음 목적지에 도착하기까지 많은 시간이 걸릴지도 몰라요. 막다른 길로 들어서기도 하고, 같은 곳을 뱅뱅 돌며 헤매기도 할 겁니다. 시간도 낭비하는 것 같고, 헛걸음을 많이 해서 힘도 듭니다. 그러나 주변 풍경을 보고 길을 찾는 과정에서 목적지까지 향하는 방법을 알게 됩니다. 골목길이 어디에 있는지, 막다른 길과 위험한 곳은 어딘지 알게 되지요. 그래서 다음에 같은 곳을 찾아갈 때는 아무런 도움 없이도 헤매지 않고 찾아갈 수 있게 됩니다. 그리고 이런 경험은 다른 목적지를 찾아가야 하는 상황에서도 유용하게 사용되겠지요.

 공부도 이와 마찬가지예요. 공부하는 방법을 알려주고 답을 찾는 법을 일일이 가르쳐주게 되면 그 과정에서 아이가 얻을 수 있는 것은 없어요. 오히려 누군가의 도움 없이는 답을 찾을 수 없게 되죠. 이미 풀어본 유형의 문제 앞에서도 당황하게 되지요.
 내비게이션이야 언제든지 켤 수 있지만, 학습에서는 내비게이션이 항상 있는 것이 아닙니다. 아이가 스스로 해답을 찾아가지 않으면 공부에 효율이 생기지 않고, 실력도 향상되지 않아요. 공부에서 단기적인 도움보다 장기적인 직접 학습이 무엇보다 중요한 것은 그 때문입니다. 우리, 멀리 보고 멀리 날자고요.

융합과 창의력

바야흐로 창의력의 시대! 창의력을 키워야 하네, 창의적인 아이가 성공하네, 창의력을 이용한 공부가 효과적이네, 이런 말들 참 많이 들어봤지요?

창의력이 중요하고, 학습에도 큰 도움이 되는 것은 당연한 사실입니다. 아무리 뛰어난 컴퓨터도 창의력을 가지고 있지는 않지요. 고성능 컴퓨터와 바둑기사가 바둑을 두면 바둑기사가 이긴다고 해요. 아무리 뛰어난 분석력을 자랑하는 컴퓨터라도 인간의 창의력을 이길 수는 없기 때문이에요. 수많은 데이터를 분석하고 미래를 예측하여 바둑을 두어도 기존에 없는 창의적인 전법 앞에서는 대적할 방법이 없지요.

창의력은 새로운 가치를 창조할 수 있는 힘입니다. 사람만이 가질 수 있는, 세상을 변화시킬 수 있는 위대한 힘이지요. 전구를 발명하여 인류에 빛을 가져다준 에디슨, 기존의 미술계를 뒤집어엎고 현대미술의 새 지평을 연 피카소, 비행기를 발명하여 인간에게 날개를 달아준 라이트 형제. 모두 창의력으로 세계를 바꾼 위인들입니다.

그만큼 창의력이 중요하다는 건 잘 알겠는데, 대부분 창의력에 대해 오해하고 있는 부분이 있어요. 창의력은 아무것도 없는 상황에서 무언가를 만들어내는 힘이 아닙니다. 조짐도 없이 갑자기 놀라운 생각을 할 수 있는 힘도 아니고요. 무에서 유를 만들어낼 수 있는 이는 조물주 외에 아무도 없어요. 사람은 기존에 있는 것을 재료로 새로운 결과를 도출해냅니다. 바로 융합의 힘으로 말이지요.

클리셰(Cliché)란 단어가 있는데요, 주로 문학이나 연극, 영화에서 쓰는 서사 용어예요. 프랑스어로 진부한 표현, 판에 박은 듯한 문구라는 뜻을 가지고 있지요. 별 생각 없이 의례적으로 쓰이는 문장이나 장면, 장치를 말합니다.

이해하기 쉽게 말하자면, 드라마에서 자주 등장하는 것들 있지요? 뻔하디 뻔한 것들 말이에요. 출생의 비밀, 약속장소에서 엇갈리는 두 사람, 부자 남자 만나서 팔자 펴는 신데렐라형 여주인공, 돈 봉투 건네며 아들과 헤어지라고 말하는 시어머니! 드라마에 신물 나게 나오는 설정들이 바로 클리셰의 일종이지요. 그런데 이 클리셰에 클리셰를 더 하면 기발하고 신선한 설정이 등장하기도 한답니다. 기존의 것을 아주 잘 융합한 경우지요.

학습에서도 융합능력은 중요합니다. 그래서 융합수학이다, 융합과학이다 하는 개념들이 나오는 거지요. 기존에 있는 것들을 새로운 방식으로 더하고 배합하는 힘이 창의력이고, 이를 통해 전에 없던 새로운 결과가 나오지요.

융합적 사고력을 키우는 데는 자신감이 중요합니다. 도전하려는 마음이 있어야 기존의 것을 답습하지 않고 새로운 방법을 찾아 나설 수 있으니까요. 아이에게 자신감을 심어주세요. 아이가 어려운 문제와 맞닥뜨리더라도 '너는 반드시 이 문제를 해결할 수 있어',

'너는 할 수 있어. 너를 믿는단다'라고 응원해주세요. 자신감이 있어야 실패를 두려워하지 않고 새로운 것을 향해 나아가니까요.

지속력과 끈기

'모든 천재는 꾸준히 노력한 사람일 뿐이다'라는 말이 있어요. 천재는 그냥 태어나는 것이 아니에요. 타고난 재능 하나만으로 대단한 일을 해내는 것도 아닙니다. 아무리 뛰어난 재능을 가지고 있어도 지속력과 끈기가 없으면 그 재능을 도저히 살릴 수가 없지요.

위대한 업적을 남긴 수많은 천재는 모두 지독하다는 소리를 들을 정도로 끈기가 있는 사람이었어요. 천재로 불리는 사람 모두 하루 종일 자신의 일에 매달렸습니다. 천재 아인슈타인은 자신의 연구 과정에 대해 이렇게 말했습니다.

> "나는 몇 달이고 몇 년이고 생각하고 또 생각한다. 그러다 보면 99번은 틀리고, 100번째가 되어서야 비로소 맞는 답을 찾는다."

아인슈타인은 머리가 좋아서 단 몇 번의 연구만으로 바로 상대성이론을 찾아낸 것이 아니에요. 몇 년에 걸쳐 고민과 연구를 거듭했고 수많은 실패와 시행착오를 거쳤지요. 길을 걷던 도중 생각에 잠겨 주저앉아 있기도 했고, 머릿속엔 오로지 물리학에 관한 생각뿐

이어서 양말 신는 것도 깜빡하고 식사도 종종 걸렀다고 해요.

그만큼 지속력과 끈기는 타고난 재능보다 더욱 가치 있고 중요한 것이에요. 아이가 공부를 할 때도 지속력과 끈기가 바탕이 되어야 값진 결과를 이룩해낼 수 있습니다. 자기주도 학습은 누가 시키지 않아도 스스로 하는 것이므로 아이 본인의 끈기와 지속력이 없으면 실현될 수가 없지요. 그렇긴 한데, 아이의 끈기를 길러주는 게 참 힘든 일이지요.

공부를 하다가 금방 싫증을 내고, 집중을 못해 산만하게 구는 아이가 어디 한둘인가요. 지속력 있게 공부하고 잘 풀리지 않는 문제에 끈기 있게 도전하는 아이는 모든 엄마의 꿈인데 말이죠.

지속력과 끈기를 기르는 데도 나름의 요령이 있습니다. 성취의 쾌감을 알게 하는 것이 포인트지요. 생각해보세요. 도전하고 또 도전했는데 자꾸만 실패하면 어떨까요? 그래도 도전욕구가 생길까요? 아니죠, 그건 다 큰 어른에게도 힘든 일이에요. 해도 해도 안 되는데 누가 더 하고 싶겠어요? '에잇, 나 안 해!' 하고 집어던지고 말죠. 어려운 문제에 끈기 있게 도전하려면 '나는 이것을 해결할 수 있다'는 믿음이 필요합니다. 애초에 불가능하다고 생각하는 일에 도전하는 사람은 없잖아요. 안 될 일에 괜히 에너지 낭비하며 실패를 경험하고 싶지도 않고요.

아이들도 마찬가지에요. 끈기와 지속력을 길러주겠답시고, 아이를 억지로 앉혀놓고 엄마가 무섭게 지켜보는 것은 결코 좋은 방법이 아니에요. 오히려 아이의 짜증과 공포, 실패에 대한 두려움만 자극하지요. 할 수 있다는 생각이 도무지 안 드는데 엄마가 자꾸 해보라고 하니 마지못해 하는 시늉만 하고, 그러다 보니 부담스럽기만 할 뿐 진척은 없고, 그만 짜증이 나서 포기하고 맙니다. 결국에는 '아, 난 정말 공부가 싫어. 지루하고 역겨워!' 하고 생각하게 되지요.

끈기를 기르기 위해서라도, 아이의 학습 목표는 지나치게 높게 잡지 않는 편이 좋습니다. 처음부터 높은 벽에 부딪쳐 실패를 맛본 아이는 다시 도전하려고 들지 않아요. 험난한 에베레스트를 넘기 위해서는 동네의 완만한 산부터 정복할 줄 알아야 하는 법인데, 처음부터 험난하고 높은 산에 도전했다가 등반에 실패한 사람이 등산 자체를 거부하고 싫어하게 되는 건 당연한 이치 아닐까요?

그러므로 아이가 할 수 있는 것부터 차근차근, 단계적으로 도전할 수 있도록 지도해주어야 합니다. 처음에는 쉽게 할 수 있었던 것이 조금씩 어려워지면 아이의 도전욕구와 끈기가 자극을 받아요. '엇, 이 정도면 조금 어렵긴 해도 할 수 있을 것 같은데?' 하는 자신감이 불쑥 솟지요.

쉬운 것부터 단계적으로 풀어왔기 때문에 여러 번의 성취감을 맛본 아이는 끊임없이 새로운 성취감을 맛보고 싶어 합니다. 그리고 누가 시키지 않아도 전보다 어려운 문제에 덤벼들고 답이 나올 때까지 매달립니다.

공부를 게임처럼 즐기는 거죠. 이는 앞서 나온 도파민과도 큰 관련이 있습니다. 아이의 이러한 심리를 잘 이해해서, 끈기와 지속력을 강하게 길러주세요. 틀림없이 아이 스스로 책상에 앉아 문제가 풀릴 때까지 매달리는 흐뭇한 모습을 볼 수 있을 거예요.

집중력

공부한다고 금방 책상 앞에 앉은 것 같았는데, 십 분이 멀다하고 자꾸만 물을 마셔야겠다, 화장실 가고 싶다, 몸이 찌뿌둥하다며 들락날락하는 아이의 모습. 드물지 않게 경험할 수 있는 일이지요.

학원에서도 아이들이 물을 마신다는 핑계로 수업 중에 교실을 나가 노는 일이 잦아, 선생님들이 아이들 물 마시는 횟수를 제한한다는 얘기도 인터넷을 떠들썩하게 한 바 있습니다. 사실 우리도 어릴 때 이런 경험 다들 있지 않나요? 공부하려고 앉으면 괜히 책상정리가 하고 싶고, 옛날에 썼던 일기가 읽고 싶고, 맘 잡고 열심히 공부해보겠다고 계획표를 꼼꼼히 만들었는데 막상 공부하려니 잠이 쏟아지고…….

이 모든 것은 바로 집중력이 약하기 때문입니다. 집중력은 한 가지 일을 할 때 다른 것에 흔들리거나 시선을 빼앗기지 않고 몰입할 수 있는 힘을 말하는데요. 공부에서는 집중력이 가장 중요하다고 해도 과언이 아니지요. 영재를 판별할 때도 과제집착력이 평가의 요소가 될 정도로 집중력은 자기주도 학습에 반드시 필요합니다.

어렸을 때는 별로 다르지 않은 듯 보여도, 학년이 올라갈수록 결국 집중력의 차이가 실력의 차이, 성공의 차이를 가져온답니다. 공부에서의 집중력은 일이나 자아실현에서의 집중력과도 연결이 되니까요.

우물을 팔 때도 물이 나올 때까지 한 곳만 파야지, 여기저기 물이 나오나 안 나오나 간을 보면 결국 땅만 파헤치는 헛수고가 되잖아요. 아이가 한 우물을 근성 있게 파고, 마침내 달콤한 우물물을 맛볼 수 있게 하려면 아이의 집중력을 길러주어야 합니다.

아이의 집중력을 길러주려면 엄마는 도대체 어떻게 해야 할까요? 집중력의 중요성이야 당연히 알지만 구체적으로 어떻게 해야 아이가 공부에 몰입할지 막막하지요?

우선, 아이가 스스로 하고 싶은 마음이 들도록 해주세요. 엄마가 나서서 아이의 목표나 진도를 정해주는 것은 금물입니다. 스스로 진도와 목표를 정하도록 도와주세요. 특히 할 수 있는 양만큼 하는 것이 중요합니다. 엄마의 욕심에 맞춰 목표를 높게 정하는 경우가 있는데요, 지나치게 높은 목표는 아이로 하여금 의욕을 떨어뜨리게 할 뿐이랍니다.

'몇 시간 동안 공부하겠다'는 식의 목표 설정은 좋지 않아요. 시간보다는 읽어야 할 쪽수나 알아야 할 내용을 분명히 정하도록 도와주세요. 시간을 정해 놓으면 시계를 흘긋흘긋 쳐다보며 공부하게 되어 집중력이 떨어지는 것은 당연지사입니다. 기껏 공부를 했어도 공부보다 시간에 집중했기 때문에 배운 것을 까먹어버릴 수 있어요. 게다가 시간을 채우기 위해 같은 쪽을 반복해서 읽거나, 아는 것만 공부하는 경우도 생기지요.

문제를 쉽게 풀 수 있도록 엄마가 도와주지 마세요. 아이가 답을 잘 모르겠다고 할 때 쉽게 답을 알려주거나, 금방 답지를 보게 해서는 안 됩니다. 문제를 끝까지 해결하지 않고 쉽사리 도움을 빌어 답을 찾게 되면 생각의 뇌가 더 이상 자라지 않지요. 모든 문제는 문제 속에 답이 있답니다. 문제를 설렁설렁 넘기지 않고 꼼꼼히 잘 들여다볼 수 있도록 지도해주세요. 문제를 집중해서 읽다보면 답이 나오거든요.

집중력은 굉장한 힘을 갖고 있어서, 즐거움과 성취감을 느끼도록 해준답니다. 하고 싶을수록, 할수록 집중력은 높아지고, 높은 집중력으로 문제를 해결하면 성취감이 생겨서 공부가 더욱 즐겁게 느껴지지요. 집중력은 엄마가 아이를 나무라고 억지로 책상에 앉혀놓는다고 생기지 않는다는 사실을 꼭 기억해두시고, 집중력을 스스로 높일 수 있도록 곁에서 도와주세요.

공부 습관

안다는 것은 무엇일까요? '나 그거 들어 봤어', '아! 알 것 같아!' 이런 게 아는 것인가요? 안다는 것은 막연하게 떠오르는 생각이 아닙니다. 꼼꼼히 외우고 있다고 아는 것도 아니고요. 개념과 원리를 정확히 이해하고, 이를 응용하여 새로운 가치를 만들어낼 수 있어야 진짜 아는 것이지요.

무엇인가를 정말로 알게 되는 과정이란 참 쉽지가 않습니다. 진짜 알 때까지 꾸준한 연습과 훈련이 필요하기 때문이지요. 그리고 이 연습과 훈련을 지속적으로 하기 위해서는 바로 습관이 필요합니다. 연습과 훈련을 하는 습관이 잡혀 있으면, 매일 해야 하는 공부도 어렵거나 막막하지 않지요.

《아웃라이어》,《다윗과 골리앗》 등의 저서로 유명한 말콤 글래드웰(Malcolm Gladwell)은 신문기자 출신의 작가로, 2005년 미국 타임지에서 '세계에서 가장 영향력 있는 100인'으로 선정될 정도로 영향력이 있는 저널리스트입니다.

그가 말한 성공의 조건 중 '1만 시간의 법칙'이 가장 유명한데요, TV에도 몇 번 소개가 되었던 것이라 아마 들어보신 분도 계실 거예요. 진정한 아웃라이어(Outliers), 즉 보통 사람들보다 훨씬 뛰어난 마스터(Master)가 되기 위해서는 1만 시간에 달하는 연습과 노력이 필요하다는 것이 바로 1만 시간의 법칙입니다.

다시 말하면, 아무리 뛰어난 재능이 있어도 오랜 시간의 연습과 훈련을 하지 않으면 성공하기 어렵다는 뜻입니다. 세계적인 피겨선수인 김연아 선수 역시, 뛰어난 재능으로만 성공한 케이스가 아닙니다. 1만이 훌쩍 넘는 시간 동안 땀을 흘려 연습과 훈련을 거듭하였지요. 김연아 선수에게 연습과 훈련은 매일 거르지 않고 반드시 하는, 습관과 같은 것이었어요. 그래서 오늘날 피겨 여왕 김연아가 된 것입니다.

공부도 마찬가지로, 습관의 힘으로 해야 성공할 수 있습니다. 단순히 의자에 앉아 공부하는 습관 하나만을 두고 말하는 것이 아니에요. 생각하는 습관, 집중하는 습관, 약속을 지키는 습관, 문제를 푸는 습관, 끝까지 매달리는 습관 등이 모여 공부하는 습관이 되고 아이의 공부를 결정하게 되지요. 똑같은 부분을 반복적으로 틀리거나, 문제를 끝까지 읽지 않아 답을 반대로 내는 것도 습관이 제대로 되어 있지 않아 그런 것입니다. 문제를 푸는 습관이 잘못되어 있거나, 질문을 대충 읽는 습관이 아이의 공부에 영향을 미치는 것이지요.

습관이라는 것은 한번 몸에 배이면 고치기가 참 힘듭니다. 손톱을 물어뜯는 습관이나 머리카락을 뽑는 습관 등이 잘 고쳐지지 않아 애를 먹었던 경험이 있을 거예요. 일상적 습관도 그러한데, 공부 습관도 마찬가지겠지요.

초등학교 저학년은 슬슬 공부하는 습관을 만들어갈 시기이지요. 이때 엄마는 아이에게 공부하는 습관이 올바르게 자리 잡도록, 또 공부하는 습관이 몸에 배도록 도와주는 것이 중요합니다. 아이의 공부하는 습관이 잘못 들게 되면 긴 시간 습관을 고치지 못해 비슷한 실수를 반복적으로 하게 된답니다.

공부 습관은 아이의 먼 미래까지 함께 가는 친구와 같은 것이랍니다. 또한 공부 습관은 아이를 어중간한 실력자로 만드느냐, 자기 분야의 최고 실력자로 만드느냐를 결정하기도 합니다. 그러므로 아이의 공부 습관이 제대로 자리 잡힐 수 있도록 엄마의 많은 관심과 노력이 필요합니다.

호기심

아인슈타인 얘기를 또 해볼까 해요. 아인슈타인은 자신을 천재라고 칭송하는 사람들에게 이런 말을 남겼답니다.

> "나는 특별한 재능이 있는 것이 아니라, 단지 굉장히 호기심이 많은 사람일 뿐이다."

그렇습니다. 아인슈타인이 연구에 끝없이 매달리고 생각을 멈추지 않을 수 있었던 것은 뛰어난 재능 덕이 아니라 바로 호기심이 많았기 때문입니다. 아인슈타인의 내면에 끓는 무수한 호기심이 그로 하여금 연구에 즐거이 매달릴 수 있도록 만든 것이지요. 호기심은 이처럼 연구와 탐구의 건강한 동기가 된답니다.

호기심이란 새로운 것, 이상한 것, 알 수 없는 것을 궁금해하고 이를 제대로 알고 싶어 하는 마음을 말하지요. 이 호기심이 있으면 아이는 스스로 탐구하고 알아보려고 한답니다. 즉 아이가 스스로 학습을 할 수 있는 동기가 된다는 말이지요. 그리고 호기심이 많은 아이는 자신감도 높다는 연구 결과가 있답니다.

호기심은 또한 창의력의 원천이랍니다. 수많은 예술가는 일반인보다 호기심이 월등히 많아요. 남들은 그냥 지나치는 작은 현상이나 사물도 면밀히 관찰하고, 다른 것을 캐치하는 힘도 강하지요. 그래서 새로운 것을 창조해 내는 것입니다. 호기심은 여러모로 반드시 필요한 것이랍니다.

호기심이 아이를 공부하게 만든다고 했는데요, 의외로 많은 엄마들이 아이의 호기심을 피곤해하여 억누르는 경우가 많답니다. 호기심이 많은 아이들은 질문이 많고 활발하며, 무엇이든 적극적으로 탐구하려고 하는 경향이 있지요. 때로는 이런 행동이 말썽이나 심한 장난처럼 보이기도 합니다. 엄마 입장에서는 그런 아이를 챙기는 것이 가끔 피곤하고 귀찮을 때가 있습니다. 또 모르는 것을 물어보아서 당혹스러울 때도 있고요. 그래서 엄마는 아이에게 '까불지 말고 가만히 좀 있어!', '정신 사나워. 그만 해!', '자꾸 돌아다니지 말고 앉아서 텔레비전이나 봐', '나중에 말해줄게', '사전 찾아 봐' 하고 대응하게 되는 것이지요.

이런 대응은 아이를 얌전하게 앉혀놓을 수 있어서 엄마 입장에서는 편하겠지요. 그러나 아이 입상에서는 호기심과 자신감을 잃게 될 수밖에 없는 대응 방식이랍니다. 호기심과 자신감이 없는 아이는 절대 스스로 공부하려고 들지 않습니다. 시키면 마지못해 하게 되므로 학습 효과도 남들보다 현저히 떨어지지요. 스스로 학습을 위해서는 엄마가 아이의 호기심이 쑥쑥 자라도록 도와주어야 합니다.

아이에게 엄마의 고정관념과 편견을 기준으로 세상을 바라볼 것을 강요해서는 안 되고요, 아이의 질문을 피곤해하거나 귀찮아하는 것도 금물이랍니다. 혹시 엄마가 모르는 것을 물어도 당황하거나 부끄러워하지 말고, 아이가 스스로 탐구할 수 있도록 유도하는 것이 중요합니다. '사전 찾아 봐! 사전에 다 나와 있어' 하게 되면, 아이는 사전 속의 정답만을 손쉽게 얻게 되지요. 아이만의 새로운 발견은 하지 못하게 되는 것입니다.

아이의 호기심이 때로는 엄마를 참 힘들게 하지요. 그러나 호기심으로 반짝반짝 빛나는 아이의 눈동자, 정말 예쁘고 사랑스럽지 않나요? 호기심은 자기주도 학습의 동기와 마찬가지이므로, 엄마가 느긋하게 참을성을 가지고 아이를 바라봐주어야 한다는 점을 기억해두고 실천하는 일이 중요하답니다.

마음코칭이 인재를
만든다

자, 이제까지 열심히 감정코칭을 배웠습니다. 감정코칭은 수많은 장점이 있지요. 문제 해결을 스스로 할 수 있게 해주고, 스트레스나 분노 같은 감정 관리를 잘 할 수 있게 해주며, 안정적이고 건강한 정신을 갖게 해줍니다. 그뿐인가요? 엄마와 아이의 관계를 더욱 건강하고 가깝게 해주지요. 감정코칭의 효과는 이것만이 아닙니다. 엄마의 올바른 감정코칭을 통해 아이는 참다운 인재가 됩니다.

심리적 면역력이 좋아져
마음이 강한 아이가 된다

심리적 면역력이라는 말, 들어보셨나요? 면역력은 잘 알겠는데, 그 앞에 심리가 붙어 있으니 조금은 낯선 단어가 되지요? 심리적 면역력이란 게 무엇인지, 차근차근 알아봅시다.

먼저, 면역력이란 무엇일까요? 외부에서 들어오는 병균에 저항하는 힘이잖아요. 바이러스가 신체 내부에 침입해도 끄떡 없이 이겨낼 수 있을 만큼, 몸이 단단한 보호막을 가지는 것이지요. 면역력이 나날이 떨어져 아토피, 비염 등 면역성 질환이 사회의 골칫거리로 떠오르는 시대에 면역력의 중요성은 두 번 말하면 입 아프겠죠.

자, 심리적 면역력도 똑같아요. 몸 대신 마음의 면역력을 말하는 것이지요. 선진국에서는 이미 이 심리적 면역력의 중요성을 알고 있답니다. 그래서 몸의 면역력을 연구하듯 마음의 면역력 역시 연구하고 있다고 해요. 특히 교육 분야에서요.

이제 감이 오시죠? 심리적 면역력이란, 마음이 상처를 입었을 때 그것을 극복하고 더 강한 마음으로 거듭나는 힘을 말해요. 마음도 몸처럼 상처를 입고 다치기도 하니까요. 내 아이의 신체 면역력도 챙겨주어야 하지만, 감정코칭으로 아이 마음의 면역력도 챙겨주어야 해요.

너무 깨끗하게 키우면 몸의 면역력이 오히려 떨어진다는 말을 들어보셨을 거예요. 많은 부모님들이 아이를 건강하게 키우기 위해 99.9% 항균 제품으로 씻기고, 자주 손을 씻게 하고, 더러운 것을 못 만지게 하고, 깨끗한 곳에서만 놀게 하지요. 그런데 오히려 이런 환경에서 살다보면 무균실에서 사는 것과 마찬가지로 아이의 면역력이 떨어집니다. 그래서 작은 병균에도 쉽게 감염되고, 가벼운 감기가 폐렴이나 천식 같은 큰 질병으로 이어지기도 하지요.

한동안 애완동물은 아이를 키우는 데는 피해야 한다고 인식되었지만, 최근 들어 애완동물과 함께 아이를 키우면 아이의 면역력에 도움이 된다는 연구 결과가 나왔지요. 아이를 세균에 노출시키지 않기 위해 애를 쓰는 것이 오히려 아이를 아프게 한다는 사실을 이제는 많이들 아실 거예요.

유럽의 숲 체험 학교도 이러한 연구 결과의 일환이랍니다. 숲에서 좋은 미생물이 가득 살고 있는 흙을 만지며 놀고, 그 손을 바지춤에 대충 닦고 간식을 먹는 것이 오히려 아이의 면역력을 강하게 해 준다는 것이지요. 마음도 마찬가지랍니다. 내 아이가 마음의 상처를 입는 것은 엄마라면 누구나 괴롭고 아픈 일이지요. 그래서 아이를 혼내지 않고, 좋은 것만 주며 행복하게 해주려고 하지요. 그러나 이 노력이 과하면 오히려 아이의 마음이 상처를 입었을 때 회복하기 어려워집니다. 아이가 언제까지나 엄마의 품에서만 행복을 누리며 살 수는 없으니까요.

학교도 가고, 친구들도 만나며 엄마가 없는 곳에서 외부와의 접촉을 끊임없이 해야 하지요. 또한 언젠가는 가족을 떠나 완전히 다른 세상으로 나가야 합니다. 세상에는 많은 상처와 아픔, 방해물이 도사리고 있지요. 그런데 아이의 심리적 면역력이 좋지 않다면, 아이는 작은 돌부리에 걸려 넘어져도 일어나지 못하고 언제까지나 아파하게 되지요.

아이가 엄마의 품에서 사는 것은 대개 20여 년, 그 이후의 길고 긴 인생을 아이는 혼자 걸어가야 합니다. 아이가 많은 상처를 극복하고, 미래를 튼튼하게 구축해나가려면 심리적 면역력이 무엇보다 강해야겠지요. 스위스의 유명한 사상가 카를 힐티(Carl Hilty)가 말하지 않았나요.

"고통은 사람을 강하게 만든다. 그러나 고통을 통해 강해지지 못한 사람은 죽고 만다. 사람은 자기 능력에 따라 어느 것이든 택하기 마련이므로. 행복한 순간에는 우리가 고난을 어떻게 견딜 수 있는지 알지 못한다. 고난 속에서 비로소 우리는 자기 자신을 알게 된다."

아이의 건강한 마음을 위해, 우리는 아이에게 행복만을 알게 할 것 아니라 고통을 배우고 이겨내는 법을 가르쳐야 합니다. 그러나 여기서 주의해야 할 점이, 마음에 상처를 입었다고 무조건 강해진다고 생각해서는 안 됩니다.

아이를 무조건 안아주는 엄마가 있는가 하면, 아이의 마음을 상처에 일부러 노출시키는 엄마도 있지요. 이 정도 고통쯤은 이겨내야 한다면서요. 물론 아이의 성장을 위해 엄격한 모습을 보이는 것은 좋은 일입니다.

그러나 아이를 너무 몰아세우면 곤란하지요. 아이가 학교에서 놀림을 받아 상처를 받고 돌아왔거나, 성적이 떨어졌을 때, 엄마가 '그까짓 일로 울거나 처져 있니? 더 강해져야 한다'며 화를 내면 아이의 마음은 더 큰 상처를 받게 됩니다.

어느 정도 세균이 있는 환경에서 지내는 것이 면역력에 좋다지만, 세균이 득실득실한 곳에 계속 방치되어 있으면 큰 병에 걸리는 건 당연하잖아요. 마음도 마찬가지랍니다. 상처가 회복되기도 전에 또 다른 상처를 주고, 상처가 난 마음을 그대로 방치하면 아이의 마음은 점점 병이 들게 됩니다.

균형 잡힌 마음을 갖게 해준다

심리적 면역력이란 좋은 일과 슬픈 일의 균형이 맞춰져 있을 때 생기는 것입니다. 신체의 면역력이 깨끗한 환경과 적당한 세균의 균형이 잘 맞을 때 증가하는 것처럼요. 약한 감기를 스스로 이겨내야 더 강한 감기를 이겨낼 수 있는 것처럼, 슬프고 고통스러운 상황에서 아이 스스로 감정을 제대로 인식하고 그것을 극복하는 과정을 거쳐야 심리적 면역력이 증가합니다. 그리고 이러한 과정을 이겨내려면 엄마의 감정코칭이 반드시 있어야 합니다.

아이가 학교에서 상처를 받고 돌아왔을 때, 엄마가 지나치게 아이의 편을 들어주거나 도리어 윽박지른다면 아이의 심리적 면역력은 떨어지게 됩니다. 엄마가 아이의 상처에 공감해주지 못하고 해결책을 함께 찾아주지 못하면, 아이의 상처는 점점 깊은 곳으로 숨게 되지요. 상처란 약만 바르고 반창고로 붙여 가린다고 그냥 낫는 것이 아니잖아요. 상처 부위를 깨끗하게 소독한 후 바람을 쐬어 통풍을 시켜주어야 비로소 딱지가 앉고 아물게 되는 것이지요. 마음 역시 그런 것이에요. 아이가 상처를 받으면 감정코칭을 통해 그 부정적인 감정을 분명하게 인식하고, 자신이 이해받고 타인을 이해하는 과정을 겪어야 합니다. 그래야 상처를 스스로 치유하고, 앞으로 다른 일을 겪더라도 좀 더 씩씩하게 대처할 수 있는 것이지요. 감정코칭을 하면, 내 아이의 마음은 더욱 강하고 건강해집니다. 그것이 첫 번째 변화이지요.

역경지수가 높은 아이가 된다

영국의 커뮤니케이션 이론가 폴 스톨츠(Paul G. Stoltz)는 이렇게 말했습니다.

> "앞으로는 IQ나 EQ가 높은 사람보다, AQ가 높은 사람이 성공하는 시대가 될 것이다."

IQ나 EQ는 익숙한데, AQ는 영 무슨 말인지 어렵지요? AQ는 Adversity Quotient, 즉 역경지수를 말합니다. 역경지수란, 그 어떤 역경 앞에서도 지거나 굴복하지 않고 끝까지 도전하여 뜻한 바를 이뤄내는 능력을 말해요. 정말 이 시대에 반드시 필요한 능력이다 싶지요?

스톨츠 박사는 본인의 저서를 통해 역경에 대응하는 사람들을 세 가지로 분류하였어요. 첫 번째, 역경 앞에서 도망가거나 포기하는 사람인 퀴터(Quitter), 즉 그만두는 사람. 두 번째, 역경을 만나면 넘어설 생각을 하지 않고 대충 안주하는 것에 만족하는 사람인 캠퍼(Camper), 즉 야영하듯 죽치고 앉아있는 사람. 세 번째, 역경을 만나면 자신의 모든 힘을 다해 반드시 정복해내는 사람인 클라이머(Climber), 즉 산을 오르는 사람. 80%의 사람이 캠퍼에 해당한다고 합니다.

내 아이는 과연 어떤 사람일까요? 클라이머인가요? 아니면, 앞으로 클라이머가 될 수 있을까요? 대부분이 캠퍼라는데, 내 아이가 캠퍼만 유지해도 괜찮을까요? 그리고 아이가 어떤 사람인가 판단하기 전에, 자신도 한번 돌아보기로 해요. 나는 캠퍼인가요? 혹 퀴터는 아닌가요?

그동안 우리 아이 IQ를 높여주기 위해서 학습지도 하고, EQ를 높여주려고 여러 가지 문화도 접하게 했지요. 하지만 무엇보다 중요한 것은 바로 이 역경지수랍니다. 아무리 머리가 좋고 감성이 뛰어나도, 역경 앞에서 쉽게 넘어지고 만나면 보는 것이 무용지물이겠지요.

실제로 내 아이에게 읽히는 위인전 한번 살펴보세요. 머리가 좋은 사람보다, 감성이 뛰어난 사람보다, 역경 앞에서 포기하지 않은 사람이 진정한 위인이 되지요. 날 때부터 영특하지만 포기를 잘하는 사람이 위인 되는 것 본 적 있나요? 감성이 독특하고 뛰어나지만 고난 앞에서 쉽게 굴복하는 사람이 예술가가 되는 것 본 적 있나요?

이해를 돕기 위해, 역경을 이겨낸 수많은 위인을 한번 떠올려 볼까요? 찢어지게 가난한 집에서 태어나 예술을 접하기 어려운 환경에서 자랐고, 끝내 청력을 잃기까지 했지만 인류의 영혼을 울리는 교향곡을 작곡한 베토벤. 루게릭병을 앓아 몸을 마음대로 움직이기는커녕, 말도 기계를 통해서 해야 할 정도로 부자유한 몸으로 위대한 업적을 남긴 천체물리학자 스티븐 호킹. 삼중고의 장애를 이겨내고 사회운동가가 된 헬렌 켈러……. 모두 축복받은 삶을 살았다고 보기 어렵지요. 이들뿐인가요? 링컨, 에디슨, 간디 등 세계적으로 추앙받는 위인 모두 각자의 삶에 주어진 고난과 역경을 모두 이겨냈지요.

물론 IQ가 높으면 좋겠지요. EQ가 높은 것은 IQ가 높은 것보다 훨씬 중요한 일입니다. 그러나 IQ나 EQ로는 설명할 수 없는 위대한 성공은 모두 AQ, 역경지수가 높은 클라이머만이 해낸 것이지요.

사람뿐만 아니라, 우리가 흔히 먹는 과일도 생각해볼게요. 마트에서 쉽게 살 수 있는 바로 그 과일 말이에요. 한 입 베어 물면 달콤한 과즙이 입안을 촉촉하게 적시고, 몸에 좋은 비타민과 섬유질을 듬뿍 전해주는 과일. 우리는 그 과일을 별 생각 없이 먹고는 하지만,

모두 저절로 자라고 익은 것이 아니에요. 몇 차례의 폭풍과 벼락과 뜨거운 햇볕을 이겨낸 존재랍니다. 성장하는 도중에 바람을 맞고 떨어지거나 햇볕에 말라버리면 익을 수가 없지요. 그래서 작은 사과 한 알에는 1년 치의 태풍과 벼락, 햇볕이 들어있답니다. 마트에 늘어선 과일 한 알 한 알이 모두 클라이머인 셈이지요.

 내 아이가 잘 익은 과일처럼 결실을 맺는 클라이머가 되기 위해서는 엄마의 감정코칭이 무엇보다 중요하지요. 감정코칭을 잘 받은 아이들은 쉽게 포기하는 법이 없습니다. 역경이 찾아와도 이것을 고난이라 생각하지 않고 오히려 기회라고 생각하지요. 9회 말 투아웃에서 역전 홈런을 때려내는 타자처럼요.
 감정코칭이 제대로 되지 않은 아이는 역경 앞에서 너무나 쉽게 포기해버리고 맙니다. 스스로 역경을 넘어설 수 없다고 생각하고, 본전만 찾자는 안일한 생각에 물들어 있기 때문이지요. 심지어 감정코칭이 부족하면 퀴터가 될 가능성도 높습니다. 역경 앞에서 도망치는 사람이 되는 것이지요. 이런 아이들은 대체로 자기 조절 능력이 부족하기 때문에 캠퍼보다도 심각한 문제를 겪게 됩니다.

 캠퍼라면 그나마 현상을 유지할 수 있지만, 퀴터가 되면 역경 앞에서 도망치기 위해 다른 데에 눈을 돌립니다. 자신의 현실을 부정하기 위해 잘못된 행동에 빠지게 되는 것이지요. 거식증이나 폭식증 같은 섭식 장애에 시달리거나, 쇼핑 중독, 게임 중독에 빠지는 것이 대표적인 예입니다. 아니면 폭력적인 행동을 하거나 술과 담배, 마약 등에 빠져들지요.

모든 퀴터가 잘못된 행동을 하며 중독의 길을 걷는 것은 아닙니다. 하지만 고난 앞에서 자신을 조절하고 붙들 줄 모르는 사람은 나쁜 길로 빠져들기 쉽고, 자신의 부족한 내면을 채우기 위하여 다른 대상에 몰두하는 것은 흔한 현상이지요. 대부분의 폭력가장도 어린 시절에 감정코칭을 제대로 받지 못한 경우가 많습니다. 비어가는 내면을 그렇게 채울 수밖에 없는 것이지요.

엄마라면 당연히 내 아이가 클라이머가 되기를 바랍니다. 반드시 존경받는 위인이 되지는 못하더라도, 인생이라는 산을 무사히 등반하였으면 하지요. 내 아이를 클라이머로 키우기 위해서, 엄마는 반드시 감정코칭을 해주어야 합니다. 내 아이가 험한 산세에도 주저앉거나 하산하지 않고, 많은 시간이 걸리더라도 산의 정상에 올라 멋진 풍경과 시원한 바람을 맞이할 수 있게 하기 위해서요.

건강하고 좋은 관계를 맺는 아이가 된다

아이가 학교에 가게 되면, 엄마가 가장 먼저 걱정하는 문제가 바로 왕따입니다. 혹시나 내 아이가 학교에서 어울리지 못할까 봐 두려워하고, 왕따를 당하거나 학교 폭력을 당할까 봐 전전긍긍하게 되지요.

아이가 울면서 하교를 하면 가슴부터 철렁 내려앉고, 친구들과 어울리지 못할까 봐 친구들을 모아 맛있는 것을 사주며 학교 가는 아이에게 선물을 쥐어 보내고는 합니다. 때로는 아이를 괴롭힌 친구를 불러 크게 야단치기도 하고요.

아이가 학교에서 건강한 인간관계를 꾸리기를 바란다면, 친구들에게 맛있는 것을 대접해 환심을 사거나 괴롭힌 친구에게 보복을 하는 것으로 해결하려고 해서는 절대 안 됩니다. 다른 친구들을 변화시키려고 하기 전에, 먼저 내 아이부터 감정코칭을 하여 건강한 관계를 맺을 줄 아는 아이로 가르쳐야 합니다.

왕따는 이제 도저히 무시할 수 없는 사회문제로 부상했지요. 새 학기가 시작될 때마다 아이들은 왕따의 대상이 될까 봐 두려워하고, 학부모들은 내 아이가 왕따를 당할까 봐 걱정합니다. '왕따'라는 단어가 등장한 지 20여 년, 수많은 왕따 피해자가 나왔고 왕따 문제에 대한 많은 연구가 이루어졌습니다.

수없이 이루어진 연구의 공통적인 결론은, 왕따는 학교가 아니라 가정이 만든다는 것이에요. 왕따 가해자도, 왕따 피해자도, 가정의 문제가 학교까지 번지게 된 것입니다. 감정코칭을 제대로 받지 못한 아이가 학교에 가서 왕따를 주도하고, 또 감정코칭을 제대로 받지 못한 아이가 학교에서 왕따의 피해자가 되는 것입니다.

물론 '왕따 당하는 아이는 반드시 문제 있는 아이다'라는 인식은 위험합니다. 아무런 문제가 없는 아이라도 왕따 가해자가 주도하기 시작하면 아이들 사회에서 왕따가 될 수 있습니다. 그러나 따돌림 받기 쉬운 아이의 특성도 분명히 존재합니다.

연구 결과, 왕따를 당하는 아이들 대부분은 다른 아이들과 다른 행동 특성이 있었습니다. 공통적으로 감정 조절을 잘하지 못하는 아이가 왕따를 당하는 확률이 높았답니다. 내성적이고 자기주장을 잘 펴지 못하거나, 늘 주눅 들어 있는 아이. 친구들이 놀리면 울음부터 터뜨리거나 반대로 크게 화를 내며 과민반응을 보이는 아이. 이기적으로 굴거나 자기주장을 지나치게 펴고 남의 의견을 잘 듣지 않는 아이. 아니면 아예 아이들의 괴롭힘에 아무 반응을 보이지 않는 아이. 거짓말을 하거나 공격적인 행동을 하는 아이. 이런 아이들은 대부분 가정에서부터 정서적인 교류가 제대로 되지 않은 것으로 조사되었습니다. 특히 엄마와의 관계가 건강하지 않은 아이가 많았습니다. 즉 감정코칭이 되지 않은 아이들이지요.

왕따 문제를 해결하기 위해서는 부모도 변해야 합니다. 아이들은 모두 가정환경의 영향을 받아 성격이 형성되었으므로, 학교와 아이들에게만 왕따 문제를 맡겨서는 아무것도 변하지 않지요.

감정코칭을 잘 받은 아이는 친구들과의 관계에 큰 문제가 없습니다. 감정 조절을 잘 할 줄 알기 때문이지요. 감정 조절을 할 줄 아이는 자신의 감정을 잘 이해하고 받아들일 뿐만 아니라 친구의 감정도 이해할 줄 알아요. 그래서 친구의 이야기를 잘 들어주며, 불필요한 싸움을 일으키지 않고, 잘못한 일에는 진심으로 사과할 줄 압니다. 그리고 부당한 일에는 당당하게 대응할 줄도 압니다. 이런 아이는 왕따를 당할 확률이 현저하게 낮습니다.

물론 왕따의 원인은 피해자가 아니라 가해자에게서 찾아야겠지요. 피해자를 탓하게 되면 왕따 문제는 영원히 해결할 수 없게 됩니다. 내 아이가 피해자가 되는 것도 억울하고 괴로운 일이지만, 내 아이가 가해자가 되어서도 안 되겠지요. 감정코칭을 잘 받은 아이는 부당하게 친구를 괴롭히지 않습니다. 친구와 건강하게 관계를 맺을 줄 알고, 다소 유별나거나 부족하게 느껴지는 친구도 무시하지 않고 보살필 줄 알게 됩니다. 가정에서의 감정코칭이 내 아이의 건강한 학교생활을 만들어준다는 것, 이제 잘 아시겠지요?

영향력의 원이 넓은 아이가 된다

인생에는 두 가지 원이 있답니다. 하나는 영향력의 원이고, 하나는 관심의 원이지요. 영향력의 원은 내가 영향력을 미칠 수 있는 일, 즉 내가 할 수 있는 일의 반경이고요. 관심의 원은 내가 관심은 가시고 있지만 도무지 통제할 수 없는 일, 즉 할 수 없는 일의 반경이랍니다.

영향력의 원은 관심의 원 안에 있지요. 내가 조절할 수 있는 것은 나만의 것이고, 내가 어찌할 수 없는 것은 나의 밖에 있는 것이니까요.

관심과 영향력의 원

이 개념이 조금 어렵다고요. 예를 한번 들어볼게요. 뱃사공의 원을 한번 만들어봅시다. 뱃사공이 할 수 있는 일은 배를 움직이는 것이지요. 그렇지만 바람, 날씨, 파도 등 뱃사공이 어찌할 수 없는 것이 많지요. 배를 남쪽으로 운행하고 싶은데, 바람과 파도가 도와주지 않으면 배를 마음대로 움직이는 것이 어렵잖아요. 그럴 때 영향력의 원의 크기에 따라 이 배가 나아가느냐, 제 자리에 머물러 있느냐가 결정됩니다.

나무로 만든 노 하나만 저을 줄 아는 사공이라면, 바람이 멎을 때까지 기다리는 것 외에는 뾰족한 수가 없겠지요. 그러나 배를 크고 튼튼하게 만들 줄 알고, 커다란 돛을 자유자재로 조절할 줄 아는 사공이라면 얘기가 달라집니다. 바람에 맞서서 배를 몰 줄 알게 되지요.

영향력의 원이란 바로 이런 것입니다. 세상에는 내가 어찌지 못하는 일이 많더라도, 할 수 있는 일이 많아질수록 할 수 없는 일의 범위를 좁혀나갈 수 있는 것이지요.

영향력의 원을 넓히려면 어떻게 해야 될까요? 할 수 있는 일부터 차근차근 해나가야겠지요. 그러나 많은 사람들이 영향력의 원을 넓히기보다는 관심의 원을 바라보기만 합니다. 내가 어찌할 수 없는 것을 자꾸만 쳐다보는 것이지요. 배를 더 튼튼하게 만들고 신식 돛의 사용법을 배울 생각은 않고, 바람의 방향을 원망하고 날씨 탓을 합니다. 그렇게 되면 영향력의 원이 결코 넓어지지 않지요.

뱃사공 이야기에서 벗어나 지금 우리의 이야기로 돌아와 볼까요? 현대에는 관심의 원에 다양한 것이 있지요. 원초적으로 날씨부터 시작해서 타인의 마음, 돌이킬 수 없는 과거, 이미 나온 시험 점수, 교통 체증 등등. 대부분 우리가 '탓'하는 것들이지요.

'시험을 망쳤어. 너무 괴로워', '왜 저 사람은 나를 사랑하지 않을까. 난 이렇게 힘든데', '나는 왜 이렇게 키가 작을까. 농구선수가 되고 싶은데', '나는 너무 불행한 과거를 가졌어. 내 인생은 통째로 망가진 거야' 등등.

이런 고민과 고통이 우리의 미래를 변하게 할까요? 내 마음대로 되지 않을 것을 알면서도 속상해하고 걱정한다고 그것이 내 것이 될까요? 오히려 내가 할 수 있는 일은 자꾸만 작아지고, 나는 그 작은 원 안에서 바깥의 것들을 자꾸만 부러워하게 되겠지요. 그런 인생을 과연 성공한 인생이라고 할 수 있을까요?

내가 할 수 있는 일, 즉 영향력의 원을 넓히기 위해서는 바깥의 것을 바라보기만 해서는 안 됩니다. 내가 할 수 있는 것부터 차근차근 하고, 목표를 이루기 위해 여러 가지 방법을 고민하고, 중요한 일에는 순서를 매겨야겠지요. 자기 계발은 바로 여기서부터 시작되는 것입니다.

자, 이제 내 아이를 생각해봅시다. 내 아이는 어떤 원이 더 넓은 아이일까요? 혹시 내 아이도 이미 지나간 시험을 후회하며 괴로워하거나, 세상이나 학교 탓을 하며 해야 할 일을 내팽개쳐 두진 않나요?

감정코칭을 잘 받은 아이는 영향력의 원이 넓어집니다. 불가능한 일에 감정과 에너지를 소모하기보다, 내가 할 수 있는 일부터 목표를 세워 차근차근 진행할 줄 알지요. 그리고 꿈을 향해 한 계단씩 올라갈 줄 알아요. 한 번에 모든 걸 해치우기를 바라지 않으니까요. 지나간 시험 점수에 마음을 쓰기보다 다음 시험을 준비할 줄 알게 됩니다. 그러면 다음 시험에는 더 좋은 결과를 얻게 되는 것이지요.

자기 계발뿐만 아니라 정신건강과 인간관계에도 더 좋은 영향을 미치게 된답니다. 이미 지나간 과거에 얽매여 괴로워하거나 타인을 바꾸려고 애쓰지 않기 때문이지요.

사람의 마음이란 내 마음대로 할 수 있는 일이 아니잖아요. 그런데도 타인을 내 마음에 쏙 들게 하기 위해, 그리고 타인의 마음에 내가 들어가기 위해 타인을 바꾸고 조종하려고 하는 사람들이 있지요. 또 이미 지나간 불행한 과거에 사로잡혀 허우적거리는 사람도 있고요.

감정코칭을 받은 아이는 타인이 바뀌기를 바라지 않고, 본인이 긍정적으로 바뀌기 때문에 타인의 마음에 자연스럽게 스며들게 됩니다. 또한 불행한 과거는 인정하되 그곳으로 다시 끌려들어가지 않고, 앞으로 올 미래를 바꾸기 위해 현재를 충실히 살아가게 됩니다.

정말 놀라운 일이지요? 감정코칭을 통해 아이가 삶을 대하는 태도까지 바꿀 수 있다니요. 아이의 감정에 공감해주고 아이와 해결책을 찾아가는 과정을 반복하게 되면, 아이는 앞섰던 감정을 침착하게 정돈한 뒤, 객관적으로 현실을 볼 줄 알게 되지요. 그리고 할 수 있는 일과 할 수 없는 일을 구분할 줄 알게 됩니다. 그리고 엄마의 코칭을 통해 중요한 일의 순서를 매길 줄 알게 되고, 그것이 익숙해지면 엄마의 도움 없이 스스로도 영향력의 원을 넓힐 줄 알게 되는 것이지요. 이처럼 감정코칭은 아이의 건강한 삶의 태도를 위해서도 반드시 필요한 일이랍니다.

스스로 공부하는
아이가 된다

공부, 도대체 왜 해야 하는 걸까요? 그냥 건강하고 씩씩하게만 자라도 되는데, 왜 엄마는 갖가지 학습법 책을 읽어가며 아이를 공부하게 만들려고 하는 걸까요? 명예와 지위를 위해서? 돈을 많이 벌어 풍족한 삶을 살기 위해서? 성공하기 위해서? 아니지요. 솔직히 말하자면 사기당하지 않기 위해서예요. 돈 같은 물질을 사기당하지 않기 위해서라는 뜻은 아니고요. 인생을 사기당하지 않기 위해서란 뜻입니다. 수많은 재능과 잠재력을 발휘하기는커녕 존재 자체도 모른 채, 자기 것이 아닌 옷을 입고 살아가는 삶은 그야말로 사기당한 삶이라고 할 수 있지 않을까요? 자신의 능력과 시간을 엉뚱한 곳에 허비하는 것은 돈을 사기당하는 경우보다 아까운 일입니다.

공부를 하면 선택권이 넓어지므로, 여건의 한계에 방해받지 않고 자신의 재능을 아낌없이 발휘할 수 있습니다. 그래서 내 아이가 공부해야 하는 것입니다. 그것도 스스로 공부를 해야 많은 선택지 중에서 아이 자신에게 잘 맞고 행복한 선택을 할 수 있는 것이지요.

아이가 스스로 책상에 앉아 공부하는 모습, 많은 엄마들이 보고 싶어 하는 모습이지요? 그런데 왜 내 아이는 책상에 스스로 앉는 법도 없고, 공부하라고 시키면 죽을상을 하고 앉아 있는 것일까요? 형설지공(螢雪之功)이라는 말이 있듯이, 옛날에는 반딧불과 흰 눈빛에 책을 비춰가며 공부했다고 하는데 말이에요.

요즘 아이들은 스스로 공부할 줄을 모르지요. 그런데 그건 아이들 탓이 아니에요. 어릴 때부터 부모가 아이의 선택권을 무시한 채

일등을 향한 공부만 시켰기 때문이에요. 공부해서 성공해야 한다고 닦달하면서요. 주입식 공부를 강제로 하는 것에 익숙해진 아이들이 스스로 공부하고 싶단 마음이 드는 것도 이상하지 않을까요? 애초에 아이들에게 스스로 생각하고 호기심을 가지며 학구열을 높일 기회를 주지 않았으니 아이들 역시 진짜 공부가 무엇인지, 공부가 얼마나 재미있는 것인지 알지 못한답니다. 게다가 성적이 조금만 떨어져도 야단을 치고, 공부를 게을리하는 모습을 보면 화를 내니 아이들 입장에서는 공부가 얼마나 싫을까요?

엄마가 옆에서 아무리 공부가 중요하다고 말해줘도, 사회를 겪어보지 않은 아이들 입장에서는 공부가 왜 중요한지 알지 못하지요. 오히려 '공부가 인생의 전부야?' 하면서 반감만 가집니다. 그래서 나온 것이 자기주도 학습이지요. 현재 우리나라에는 자기주도 학습의 붐이 불었습니다. 한 번 실패를 겪은 엄마는 이제 자기주도 학습이 중요하다는 사실은 알게 되었지만, 또 실수를 반복하게 됩니다. 자기주도 학습을 '시키려고' 하기 때문이지요.

애초에 자기주도 학습은 '시키는' 것이 아니잖아요. 그런데 엄마들은 아이가 스스로 공부하는 모습을 보기 위해 자기주도 학습의 중요성을 설파하며 '이런 게 자기주도 학습이래. 너도 해봐'라고 하지요. 자기주도 학습을 완전히 이해하지 못한 채 공부를 시키려고 하는 것이에요. 이것이 또 실패의 요인이 되어 아이는 점점 더 공부를 싫어하게 되지요.

감정코칭을 받은 아이는 누가 시키지 않아도 공부를 합니다. 왜 그럴까요? 감정코칭의 핵심은 자기주도 학습의 핵심과 같답니다. 자기주도 학습의 핵심은 바로 학습동기를 스스로 갖는 것입니다. 내가 학습동기를 찾아 나를 위해 공부를 해야만 공부가 하고 싶고, 그래야 책상에 자연스럽게 앉을 수 있답니다. 엄마가 만들어주는 동기는 진짜 동기가 아니지요. 아이 스스로 공부에 대해 이해하고 원하는 것을 찾아야 진짜 동기가 됩니다. 감정코칭도 마찬가지지요. 아이의 감정을 공감해주고, 아이 스스로 그 감정을 이해하게 도와줍니다. 그리고 아이가 스스로 그 감정을 해결할 수 있도록 돕지요. 자신의 감정을 이해하고 해결할 줄 알기 때문에, 공부 역시 스스로 동기를 찾고 해결할 줄 알게 되는 것이랍니다.

공부를 해야 하는
30가지 이유

공부를 해야 하는 데에는 여러 가지 이유가 있습니다. 꼭 한 가지의 정답만 있는 것이 아니지요. 세상에 있는 수많은 이유 중에서, '공부해야 하는 나만의 이유'를 찾는 것은 중요합니다. 이유가 있어야 동기가 생기고, 동기가 있어야 공부를 자발적으로 할 수 있기 때문입니다.

* 다음을 아이와 함께 읽어보며, 공부를 해야 하는 나만의 이유를 찾아보면 어떨까요?

- 공부는 나의 장래 생활에 도움이 되기에
  1. 시험을 잘 치르기 위해
  2. 좋은 대학에 진학하기 위해
  3. 좋은 배필을 만나기 위해
  4. 좋은 직업을 가지기 위해
  5. 지식은 영원한 재산이기에

6. 신분의 상승을 위해

- 자아 완성의 길이기에
  7. 최선을 다하는 자세이기에
  8. 자존심 때문에
  9. 어렵고 고독한 일이기에
  10. 평생의 과업이기에
  11. 최선의 시간 활용이기에
  12. 성실한 삶의 자세이기에
  13. 학생의 직업은 공부하는 것이기에
  14. 인생 설계의 기초이기에
  15. 젊은 시절에 해야 하기에

- 사회에 기여하는 인간이 되기 위해
  16. 효를 실천하기 위해
  17. 입신양명하기 위해
  18. 아는 것이 힘이기에
  19. 경쟁에서 살아남기 위해
  20. 창조하는 인간이 되기 위해
  21. 자랑스러운 한국인이 되기 위해
  22. 새 역사를 창조하는 세계인이 되기 위해

- 공부를 해야 하는 철학적 근거
  23. 인간은 공부하는 동물이기에
  24. 공부는 자아 탐구의 길이기에
  25. 학문에는 왕도가 없기에
  26. 인간다운 인간이 되기 위해
  27. 앎의 기쁨 때문에
  28. 미래를 준비하기 위해
  29. 자연과 세계를 이해하기 위해
  30. 욕망의 승화이기에

에필로그

아이들의 행복한 삶을
위하여

자, 숨 돌릴 틈 없이 달려오느라 힘드셨지요. 행복한 아이를 위해 함께 여기까지 달려와 주신 모든 엄마들, 정말 고생하셨습니다. 예전에 이런 글을 본 적이 있어요. 성인남녀에게 '엄마에게 하고 싶은 말'을 물어보았답니다. 사람들의 대답은 대부분 비슷했다고 하네요.

"엄마, 엄마는 아빠 말고, 나 말고, 엄마의 인생을 살아. 나를 위해 살지 말고, 엄마를 위해 살아."

지금 여러분도 고개를 끄덕이고 계실 거예요. 우리 엄마가 가족만을 위해서 사는 것이 아니라 온전히 당신 자신을 위한 삶을 살기를, 우리 모든 자녀들은 간절히 바랄 겁니다. 저는 이 얘기를 엄마인 여러분께 그대로 돌려드리고 싶어요. 내 삶의 주인이 아이가 되어서는 안 됩니다. 내 삶의 주인은 나여야만 하지요. 그리고 아이 역시 삶의 주인이 엄마가 되어서는 안 됩니다. 아이의 삶은 아이만의 것이어야 하지요. 엄마는 아이의 삶에 직접 끼어들고 조절하려는 마음을 내려놓고, 아이를 믿고 기다려주세요. 아이가 삶의 진정한 주인이 될 수 있도록, 아이가 삶을 통해 꿈을 마음껏 펼쳐나갈 수 있도록 말이지요.

우리, 책의 처음을 김춘수 시인의 〈꽃〉과 함께 열었지요. 책의 마무리도 시 한 편과 함께 해볼까 합니다. 평생 동안 아이를 갖지는 못했지만 누구보다 아이들을 사랑했던 천상병 시인이 쓴, 〈어린애들〉이라는 시를 여러분께 권하고 싶습니다.

    총명하게 생긴 놈들이
    아기자기하게 잘도 놀고 있다.
    그들의 영리한 눈에 축복이 있길 빈다.
        〈어린애들〉 중에서

삶의 주인이 될 세상 모든 아이들에게 축복이 있기를 진심으로 빕니다. 아이들을 무한한 사랑의 힘으로 키워내실 세상 모든 엄마들에게 축복이 있기를 아주 간절히 빕니다.

여기까지 읽어주셔서 무척 감사합니다.
세상 모든 엄마와 아이들의 행복을 기원하겠습니다.